陕北民间美术资源助推乡村特色
文化产业发展研究

张晓红　著

东 北 师 范 大 学 出 版 社
·长　春·

图书在版编目（CIP）数据

陕北民间美术资源助推乡村特色文化产业发展研究/
张晓红著. —长春：东北师范大学出版社，2025.4
ISBN 978 - 7 - 5771 - 2479 - 7

Ⅰ.①G124

中国国家版本馆 CIP 数据核字第 202556AR24 号

□责任编辑：杜　境　□封面设计：聂宏伟
□责任校对：何兵一　□责任印制：侯建军

东北师范大学出版社出版发行
长春净月经济开发区金宝街 118 号（邮政编码：130117）
电话：0431—85690289
网址：http：//www.nenup.com
东北师范大学音像出版社制版
定州启航印刷有限公司印装
定州经济开发区大奇连品小区永康大街东侧
2025 年 5 月第 1 版　2025 年 5 月第 1 次印刷
幅面尺寸：170mm×240mm　印张：14　字数：231 千

定价：88.00 元

本书为 2020 年度教育部人文社会科学研究青年基金项目"基于陕北民间美术资源构建乡村特色文化策略研究"成果,项目编号:(20YJC760134)。

内容简介

　　本书从当代多元文化生态系统的角度出发，将陕北民间美术置于社会发展中进行研究。本书通过对陕北民间美术的历史、类型、文化内涵及价值进行深入分析，阐述了陕北民间美术资源转化的可行性，并对其转化现状进行了综合性考察。陕北民间美术资源正由静态保护和活态传承向匠心创造的态势发展。基于陕北民间美术资源助力乡村特色文化产业发展的机遇与挑战，本书提出了陕北民间美术资源助力乡村特色文化产业发展的格局与路径，并以延安、榆林为例分析了民间美术资源对陕北乡村特色文化产业高质量发展的促进作用。

　　本书为陕北民间美术资源的守护与文化根脉的传承提供了新思路，构建了适合陕北民间美术资源保护和发展的特色文化产业链。将陕北民间美术资源置于社会发展中进行研究不仅可以使陕北民间美术资源得到更好的保护，还可以使陕北民间美术资源融入现代社会发展的潮流中，从而更好地为当代民众的生活服务，找出保护与传承陕北民间美术资源的文化发展之路。此外，本书的出版有利于保护祖先的智慧，可以让更多人更深入地了解中华民族的文化底色，了解祖先的思考方式与审美方式，从而助力中华文明的文化基因健康、持续地传承与发展。

目　录

第一章　陕北民间美术概述

当代学者吕胜中认为，民间美术是生产者的艺术，是劳动人民对美的创造，是一切其他美术（如宫廷美术、文人士大夫美术、宗教美术等）的渊源和基础。[①] 民间美术专指民间基于自身的物质、精神需要而自发创作的各种美术，包括建筑、雕塑、绘画、书法及各种工艺美术（如剪纸、编织等）。它不以功能划分，而根据创作者进行区分，是特指由社会普通民众创作、应用和欣赏的生活美术形式。所以，民间美术的创作者不是"艺术家"，而是"匠人"。他们是具有专门技艺的匠人，不要求具备高超的艺术综合素养，但需要熟练掌握某一类创作技能。他们的作品具有工匠传承性和来自民俗生活的创造性。与"艺术家"相比，"匠人"是相对严谨的。

自古以来，陕北人民勤劳耕作，热爱生活。他们在劳作之余，通过艺术的方式祈愿风调雨顺、多子多福、吉祥如意。大量的民间艺术文化传承是由原始的"朴素直接"到工艺制作，再到艺术审美的升华，"合于《桑林》之舞，乃中《经首》之会"，由技入道。陕北民间艺术脱于工艺，融于文化艺术审美之列。独特的地域产生的陕北民间美术，虽然不具备平原地区传承与传播的雄厚基础，但在陕北民众顽强持续地促进着其传承与传播的条件下，最终与中原文化融为一体，彼此呼应、相互影响，使中华民族文化永久立于世界之林。

民俗，简单地说就是民间风俗习惯，指一个国家或民族中广大民众所创造、享用和传承的生活文化。民俗起源于人类社会群体生活的需要，为民众的日常生活服务。民俗一旦形成，就成为规范人们行为、语言和心理的一种基本力量，也是民众习得、传承和积累文化创造成果的一种

---

① 郭琳，史荣利，单文霞. 民间美术与设计 [M]. 上海：上海科学技术文献出版社，2016：4.

重要方式。"民俗"之"民",指民间、民众,与官方对应;"俗"则指风俗,是人民群众在社会生活中世代传承、相沿成习的生活模式,也是一个社会群体在语言、行为和心理上的集体习惯。陕北的民俗风情主要体现在三个方面,即民间艺术、风俗礼仪和民间信仰。地方特色与地方传统是民俗风情的灵魂。目前,陕北列入国家级非遗名录的项目也主要集中在这几个方面。在陕北民间艺术中,陕北民歌、陕北秧歌、陕北说书、陕北道情、陕北剪纸等比较有名。经过延安时期的改造,以陕北民歌为代表的陕北民间艺术彰显出其大众化、民族化的显著特点,故而走向了全国甚至全世界。风俗礼仪包括衣食住行、岁时年节、婚丧嫁娶、民间游戏等。民间信仰则有巫术、禁忌、庙会等形式。它们是陕北人生活的一部分。

第一节　陕北民间美术的历史渊源

陕北地处黄土高原腹地,独特的地理环境及草原文化与农耕文化的交融互渗,孕育了陕北地区瑰丽多姿的民间美术。

陕北泛指陕西省北部地区,是中华文明的重要发源地之一,概指北括河套、南至渭北北山、西界子午岭、东滨黄河的黄土高原中北部地区,狭义上是指延安、榆林两市所辖地域。陕北是我国黄土高原的中心部分,地势西北高、东南低,总面积 92521.4 平方千米。[①] 其地形是在中生代基岩所构成的古地形的基础上覆盖新生代红土和很厚的黄土层,再经过流水切割和侵蚀而形成的。陕北黄土高原的基本特点是地貌千姿百态,地面沟壑纵横,地形零碎,素有"千沟万壑"之称。其中最典型的黄土地貌有黄土塬、黄土梁、黄土峁、黄土沟谷。从区域组成特征来看,延安以北地面切割严重,是以峁为主的峁梁沟壑丘陵区,绥德、米脂一带最为典型;延长、延川是以梁为主的梁峁沟壑丘陵区;西部为较大河流的分水岭,多梁状丘陵;延安以南是以塬为主的塬梁沟壑区。洛川塬是保存较完整、面积较大

---

① 李钒,孙林霞. 我国西部地区城市化的理论与实践 [M]. 天津:天津大学出版社,2017:197.

的黄土塬。宜川因沟谷蚕食，形成了破碎塬。此外，在榆林地区的定边、靖边、横山、神木等地北部，以及长城沿线一带是风沙滩地，著名的毛乌素沙漠从定边至窟野河横亘陕西省西北部。陕北的历史与文化，正是在这片广袤而苍茫的黄土高原上孕育和发展起来的。

陕北地区历史文化脉络可追溯至上古农耕文明初创时期。陕北是人类的发祥地之一。在远古时代，陕北大地气候温润，水丰林茂，是原始人类渔猎耕种的理想家园。20 世纪 20 年代以来，考古学家先后在无定河流域和北洛河流域发现了晚期智人的化石，这些古人类分别被命名为"河套人""黄龙人""金鼎人"，他们的体质已接近现代人，具有明显的现代蒙古族人种特征，生活的时代距今五万到三万年。这就表明，至迟在五万到三万年前的旧石器时代，陕北地区已经有古人类生息繁衍，这里是人类最早的发祥地之一。

半截沟洞穴遗址（图 1-1）是延安地区发现的一处旧石器时期洞穴遗址，位于陕西省延安市黄龙县白马滩镇神峪村东尧组北 1.5 千米的半截沟洞内东侧石崖上，为原始洞穴遗址，东、西临冲沟，南临半截沟，北依山。该洞穴深约 20 米，最宽 2.5 米，最高 2.2 米，洞穴有南、西两个洞口，洞内自然拐弯，洞口高低不一，西洞口高约 0.8 米，南洞口高约 2.2 米，此洞后世被用作寨子。洞内堆积层厚约 20 厘米，内含红烧土及灰烬，并发现了焚烧过的动物骨骸。考古专家在此发掘了一件旧石器时期的砍砸器，刃部有使用过的痕迹。

龙王辿遗址（图 1-2）是旧石器时期遗址，距今 2 万—1.5 万年。该遗址第一发掘地点位于龙王辿村北惠落河与黄河交汇处的黄土台地上。中国社会科学院考古研究所、陕西省考古研究院联合组队，先后对其进行了 7 次发掘，发现了 3 万余件石制品及一些动物骨骸和多处与人类生活加工相关的遗迹，同时在周边还发现了多处旧石器时期遗址。该遗址的发掘对研究延安地区的旧石器洞穴遗址分布及文化谱系具有一定的参考价值。

图 1-1　延安黄龙县白马滩镇半截沟洞穴遗址

（旧石器时期）（参观遗址并摄影）

图 1-2　龙王辿遗址（旧石器时期）（参观遗址并摄影）

陕北是中华民族圣地。《史记·五帝本纪》载："黄帝崩，葬桥山。"[①]，关于桥山的地理位置，或说在汉阳周县，约在今子长市境内，或说在旧中部县，即今黄陵县。不管桥山是在子长还是在黄陵，总之都是在陕北。近代以来，到黄陵祭祀黄帝渐成风尚，2006 年黄帝陵祭典被列入国家非物质文化遗产名录。陕北既是人文初祖黄帝及其部族活动的地域，又是黄帝葬处，因此这里自然是中华民族的圣地。黄帝陵所在的陕北黄土高原，是探索"黄帝文化"的重要区域之一。[②] 黄帝时代对应的考古学文化无论是仰韶文化还是龙

---

① 赵国鼎. 黄炎二帝考略［M］. 郑州：河南人民出版社，1991：86.
② 陈习刚. 郑州与黄帝文化［M］. 郑州：河南人民出版社，2008：267.

山文化，都可以在陕北找到相应的考古学遗址。在陕西丰富的仰韶、龙山文化遗址中，陕北均占一半以上，这些遗址既同周边同时期的文化遗址相互影响，又显示出许多地域性特点，如数量较多的石城堡、窑洞式的民居和大型聚落、极具地域特色的三足陶瓮和大量精美的玉器等。近年来陕北还发现了夏、商时期的遗存，证明这里有着从史前到夏商周的文化发展序列。从神木市石峁遗址（图 1-3）、龙山文化晚期的延安市芦山峁遗址（图 1-4）、延安市老陵台遗址（图 1-5）、延川县神疙瘩山遗址（图 1-6），到清涧县寨沟商代晚期遗址（图 1-7）、清涧县高家圪塔商代大墓（图 1-8），以及延安黄龙县白马滩镇东周古寨（图 1-9），都是在陕北发现的较大规模的文化遗址。规模宏大的石城遗址、祭台和大量精美玉器向我们透露着文明前夜的信息。

图 1-3　榆林神木市石峁遗址（新石器时期）（参观遗址并摄影）

图 1-4　延安宝塔区芦山峁遗址（新石器时期）（参观遗址并摄影）

图 1-5　延安宝塔区老陵台遗址（新石器时期）（参观遗址并摄影）

图 1-6　神疙瘩山遗址（新石器时期）（参观遗址并摄影）

图 1-7　延安市清涧县寨沟商代晚期遗址

图 1-8　延安市清涧县高家坬商代大墓（参观遗址并摄影）

图 1-9 延安黄龙县白马滩镇东周古寨（参观遗址并摄影）

陕北地域文化具有多元融合、历史悠久的特点。具体体现为以下几方面：其一，有原始巫图文化和农耕文化。原始社会时期人们对大自然的认识有限，加之对其的崇敬，形成了原始神秘文化，包括巫术、民间信仰和图腾文化。图腾纹样体现在剪纸、建筑装饰等视觉艺术上，是一种具有地域特色的艺术形式。陕北这块黄土地上的民众传承了先辈的原始神秘文化，结合强烈的农耕习俗，形成了自给自足、天赐自得的精神图腾。如传统民俗观认为，鸡、鱼代表着天地交合，其也成为民间常见的建筑装饰主题，陕北剪纸艺术中也有"鸡衔鱼"的纹饰。在黄土高原居民的传统观念中，顺应天意才能有美满幸福的生活，这种民间文化早已形成血脉融入一代代陕北人的基因中。其二，陕北地域文化是中华民族的本原文化。中华民族的本原文化是中华民族的精神内核，包括"天人合一""阴阳相合"等命题，在陕北剪纸、建筑彩画中多有体现。其三，因历史与地理原因，陕北成为中国传统农耕文化和草原文化交融之源，兼具两种文化的精髓。黄土高原独特的地理因素决定了其农牧业发展缓慢。陕北的生产活动皆以村庄宗族为主，这种生产方式在封闭的农牧经济发展中保护了传统民间美术的古朴与稚拙。其四，居住在陕北黄土高原地域的人们普遍具有敬鬼神、重务实、尚武力的心态，这与陕北复杂的历史状况关系密切。这里是典型的多宗教、多信仰和多神化突出的地域。这种多神信仰的千年发展，为陕北民间美术提供了多样化的创作题材，是延安剪纸、绘画、雕刻等艺术形式的重要灵感之源。

陕北延安地域文脉丰沛，不仅蕴含着上古农耕文明，更受到匈奴农牧文明的滋养，秦汉时期重鬼神的浪漫主义精神亦融汇其中。在抗日战争时期，延安传承了"塞上咽喉"的历史传统，在抗日战争和解放战争共同孕育出个性鲜明的"延安精神"，而这些历史亦反哺艺术，与秦汉以来的文化一起形成延安厚重的文脉积淀，催生出延安民间美术个性强烈、质朴热烈的艺术风格。

陕北是人类文明的发祥地之一，历史悠久，文化积淀深厚，因此，我们在陕北文化中可以窥见远古的信息，尤其是陕北的剪纸艺术、舞蹈艺术、民间信仰等，无不古拙质朴、浑厚天然。陕北剪纸中的抓髻娃娃、娃娃双鱼，正是六千多年前西安半坡仰韶文化彩陶盆"双鱼人面"的符号变体，体现了原始社会的阴阳哲学观念，表达了先民们祈愿灵魂不死、生命永生和子孙繁衍的美好愿望；民间大量存在的"鸟衔鱼""鸡衔鱼"等剪纸纹样也与仰韶文化中的鸟鱼合体、鸟衔鱼彩陶纹样一脉相承。同样的图案也出现在了河南殷墟妇好墓和绥德汉画像石上。原始人类以鸟喻天、喻阳，以鱼喻地、喻水、喻阴，二者相合寓意男女相交、天地相合、阴阳相合、化生万物。陕北人过年时蒸的"枣山山"，也是原始人惯用的三角山形通天符号，人们用它来祈愿来年五谷丰登、人丁兴旺。陕北的民间舞蹈，如跳火、耍火棍、转火塔塔、踢场子等，均保留着原始舞蹈的痕迹。陕北秧歌中走出的各种场图，也如众多的剪纸纹样一样，传递着远古以来形成的生生不息的宇宙观、生命观。这些远古时期形成的哲学观念，能在陕北历经数千年而传承不息，充分显示了陕北这块黄土地的神奇魅力。

第二节　陕北民间美术的类型及特征

陕北民间美术在彩陶、青铜、石刻艺术的兴衰交替中逐渐形成并持续发展起来。有些艺术形式，如剪纸、刺绣、雕塑和绘画等虽然仅是民间艺术的一部分，且与数百年前的作品相比已有所变化，但仍旧蕴含着古人的智慧和技艺。如抓髻娃娃和避邪镇宅的石兽等作品，它们不仅用于招魂和镇宅，还用于装点居室。又如剪纸、炕围画等，这些作品以简单概括的造型、饱满有力的线条和雄浑博大的气势，展示了民族传统美术的持久生机。这些艺术作品不仅是对美术技艺的展示，还是传承历史文化的重要载体，更是陕北民间美术深植于中国传统文化的根基。

一、陕北民间美术分类

陕北地区主要指的是黄土高原的中心部分，包括榆林、延安两个地级市。该地区因处于陕西省的北部，故简称陕北。延安地区的民间美术种类较多，如安塞剪纸、农民画，洛川面花、毛麻绣，黄陵木雕，延川布堆画，富县熏画，志丹刺绣，等等。榆林地区民间美术的具体艺术形式较为丰富，如绥德石雕、泥塑，三边剪纸，横山刺绣，等等。这两大地区的民间美术已基本形成保护与发展的格局。

陕北民间美术种类丰富，具体分类如表 1-1 所示。

表 1-1　陕北民间美术分类表

地域	类型	具体艺术形式
延安地区	石窟	清凉山万佛寺石窟、子长市石钟山石窟、富县石泓寺石窟、黄陵县千佛洞石窟
	传统村落	延川县文安驿镇梁家河村、延川县甄家湾村
	雕刻	黄陵木雕、延长石板画、黄龙根雕
	传统民间绘画	庙宇壁画、彩绘瓦瓮、民间墙壁绘画
	剪纸	安塞剪纸、洛川剪纸、富县剪纸、黄陵剪纸、延川剪纸、延长剪纸、宜川剪纸、吴起剪纸、黄龙剪纸、子长剪纸、志丹剪纸
	现代民间绘画	安塞农民画、洛川农民画、富县农民画
	面花	洛川面花、黄陵面花
	毛麻绣	洛川毛麻绣
	布堆画	延川布堆画
	熏画	富县熏画
	刺绣	志丹刺绣、宜川刺绣
	陶瓷	延安陶瓷
	糜粘画	吴起糜粘画

地域	类型	具体艺术形式
榆林地区	石窟	榆林红石峡石窟
	庄园	马氏庄园、常氏庄园、党氏庄园
	汉画像石	榆林汉画像石、绥德汉画像石
	雕刻	绥德石雕、清涧县石板画、门墩雕刻
	泥塑	绥德泥塑
	剪纸	三边剪纸、绥德剪纸、清涧剪纸、吴堡剪纸
	刺绣	横山刺绣
	面花	子洲面花、府谷面花

（一）延安地区民间美术

延安地区是我国民间美术的重要发源地之一，其多样性和丰富性在全国乃至全世界的艺术领域中都占有重要地位。这些民间美术作品不仅是我国非物质文化遗产的重要组成部分，还是研究我国传统文化和艺术的宝贵资源。

1. 延安石窟造像

延安地区的石窟艺术是我国古代文化遗产的重要组成部分，展示了陕北地区在石窟艺术方面的卓越成就。

清凉山万佛洞石窟（图 1-10）位于陕西省延安市宝塔区清凉山，初凿于隋唐，落成于宋代。宋代范仲淹曾作《清凉漫兴》四首，其中写道："凿山成石宇，镶佛一万尊。人世亦稀有，神功岂无存。"万佛洞依山凿石而成，石窟东依山，西临延河。清凉山万佛洞石窟主要有四个石窟，由北向南编号。1 号窟为主窟，平面呈不规则四边形，窟中间凿石成坛，两侧凿有石屏，屏壁上满布浮雕佛、菩萨、罗汉、弟子像等。坛上塑像为 1985 年重塑。2 号窟有三世佛及其弟子像等。3 号窟有弥勒佛坐像。4 号窟窟口两侧有护法大天王像，窟口壁有浮雕佛教故事图像。由于清凉山是以灰岩为主的石质山丘，现阶段万佛洞石窟内造像受侵蚀严重。

图 1-10   清凉山万佛洞石窟

子长市（县级市）钟山石窟 1988 年被国务院公布为"全国重点文物保护单位"。钟山石窟位于延安市子长市西 15 千米处的钟山南麓，始建于北宋治平四年（公元 1067 年），历经宋、元、明、清历代皆有造像或维修，据历史记载，钟山石窟共 18 窟，现仅发掘其中 5 窟。富县石泓寺石窟，又叫川子河石窟，是全国重点文物保护单位。该石窟位于富县城西直罗镇川子河北岸，始凿于隋大业二年（公元 606 年），其后历代均有续凿和修葺。该石窟坐北朝南，依崖而凿，共有 10 个洞窟、65 个小龛、3370 余尊石造像。子长市钟山石窟（图 1-11）和富县石泓寺石窟（图 1-12）展现了陕北石窟艺术布局的精心、空间利用的巧妙，充分体现了古代匠人在自然与艺术之间寻求和谐的智慧。

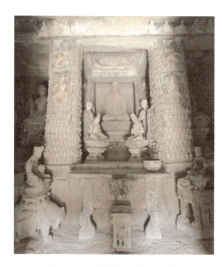

图 1-11   子长市钟山石窟

图 1-12 富县石泓寺石窟

黄陵县千佛寺石窟,又称万安禅院石窟(图 1-13)。1956 年 8 月 6 日,陕西省人民管理委员会将其列为第一批省级重点文物保护单位。2006 年 5 月 25 日,其被国务院公布为第六批全国重点文物保护单位。该窟位于延安市黄陵县西 40 千米处的双龙镇峪村西,始建于北宋绍圣二年(1095 年),竣工于宋徽宗政和五年(1115 年)。千佛寺石窟开凿于半山石崖间,为单室窟,由甬道、佛坛和四壁三部分组成,洞口为三开间,有石雕仿木结构窟檐,这是陕西石窟中唯一一处保存完好的仿木结构窟檐,是研究宋代建筑的珍贵实物资料。

图 1-13 黄陵县千佛寺石窟

延安地区的石窟艺术以其独特的风格和高超的艺术水平在我国古代艺术史上占有重要地位。这些石窟艺术作品不仅是古代艺术家创造力和对宗教文化深刻理解的体现，还是研究我国古代社会文化的重要依据。通过对这些石窟艺术的研究，我们可以更深入地理解我国古代的宗教、艺术和文化。

2. 延安传统古村落

甄家湾村（图1-14）位于延川县城西北方向15千米处，隶属延川县关庄镇。村落始建于蒙古至元二年（公元1265年），历史文化悠久，建筑风貌古朴，民风民俗独特，物质与非物质文化遗产丰富多彩。甄家湾村现存古窑洞97院258孔，是陕北地区现存规模最大、结构最完整的古窑洞建筑群，于2019年被列入第五批中国传统村落名录。为了更好地保护和利用传统古村落，当地政府遵循保留乡土风貌的原则，引导群众将撂荒低效土地经营权、古窑洞产权和闲置窑洞使用权流转到村集体经济组织，并由村集体统一管理经营，着力打造影视拍摄、教育研学、写生创作、文化体验"四个基地"，积极发展"影视经济""民宿经济""观光经济""庭院经济"等新经济、新业态。

图1-14　延安市延川县千年古村——甄家湾村（参观并摄影）

3. 延安传统民间绘画

陕北民间绘画是该地区文化艺术的重要组成部分，具有独特的地域文化特色和艺术风格，包括庙宇壁画、瓦瓮彩绘、民间壁画等。

庙宇壁画是陕北民间绘画的一个重要类别，如寿峰寺明壁画（图 1-15）。寿峰寺位于宜川县集义镇，始建于金大定三年，明清屡有重修。正殿绘有十二元神、元君圣母、大悲观世音菩萨等图案，画工精细，色彩艳丽，应为康熙年间重修时绘制的水陆壁画，透过表面图案的剥落处，我们可以看到里面还有一层壁画，为明天顺年间所绘制的水陆壁画。这些壁画通常描绘宗教故事、神话传说或历史事件，是宗教文化传播的重要媒介。庙宇壁画的艺术价值在于其能够生动地再现历史场景，可以为研究古代社会生活提供直观且珍贵的视觉资料。

图 1-15　延安市宜川县集义镇寿峰寺明壁画（参观延安博物馆并摄影）

4. 延安剪纸

延安剪纸是陕北民间美术的一种重要形式，其历史可追溯至汉代。延安剪纸成熟于唐宋，至明清达到鼎盛。最初，剪纸并未用作窗花，而是作为衣物佩饰和装饰花样使用。这一点在北朝《木兰诗》中的"对镜帖花黄"诗句中得到体现，其中"花黄"指贴在额头上的装饰品，是剪纸在古代的一种应用形式。随着时间的推移，剪纸逐渐被赋予了更多的文化内涵和功能。目前，我国考古学家发现的最早的剪纸实物为新疆出土的南北朝时期的"对猴""对马"两幅残缺的剪纸。考古学家分析得出，这两幅剪纸很可能是某类艺术品的造型底样。

延安民间剪纸受到历史、宗教、政治、习俗、生产等各方面的影响，形成了自己独特的风格，传承着中华民族的文化、艺术与精神。延安剪纸通过口传身授得以代代相传，主要包括安塞剪纸、富县剪纸、黄陵剪纸、志丹剪纸，其中安塞剪纸尤为突出。安塞剪纸保留了中国古代石刻艺术造型的独特风貌，风格大气有力，线条粗壮朴实。安塞剪纸形式多样，内容丰富，造型各异，多为单色，仅在布置环境时进行颜色的搭配。我们从剪纸中可以窥见陕北人民的生产生活状况和民俗风情。传统的延安剪纸常用来装饰家居、庆祝节日、表达情感等，这些用途均深深根植于陕北人民的生活方式和文化传统之中。

在延安地区，剪纸已融入了当地妇女的生活中，成为她们日常生活的一部分，特别是在春节期间，家家户户都会剪窗花、贴窗花，以增加节日的喜庆气氛。这些窗花不仅是节日的装饰，更承载着妇女们对未来生活的美好祝愿和对故土的深情。陕北剪纸受到该地区特定地理和历史环境的影响，呈现出鲜明、淳朴、粗犷的特点，这些特点在不同地区略有差异，体现了地方文化的多样性。因此，陕北剪纸不仅是一种艺术形式，更是一种文化传承和表达。它反映了当地人民的生活方式、信仰观念和艺术审美，是研究陕北文化和民间艺术的重要资源。

延安安塞剪纸于 2006 年被列入第一批国家级非物质文化遗产名录。其艺术特点在于精细的剪切工艺。这是一种传统的手工技艺，需要剪纸艺人具备高度的耐心和精湛的技术。通过细致的剪切，剪纸艺人能够在纸上创作出极为复杂和精致的图案，这些图案既展现了传统文化的深厚底蕴，也体现了剪纸艺人的个人创造力。安塞剪纸（图 1-16）的主题多样，通常以民间传说、自然景观和日常生活为灵感来源。这些主题不仅贴近民众的生活，还反映了陕北地区的地域特色。动植物、人物和各种传统符号等在剪纸中频繁出现，它们以鲜艳的色彩和流畅的线条呈现出来。每一件剪纸作品都承载着一段故事或某种信仰。安塞剪纸不仅是一种视觉艺术，还是研究陕北地区历史文化和民间信仰的重要参考资料。

图 1-16 安塞区高如兰剪纸《抓髻娃娃》（参观安塞文化艺术馆并摄影）

富县剪纸精细小巧，形式多样。富县剪纸在不同的民俗场合有着不同的用途，如春节期间贴在窗格中的具有各种吉祥寓意的"窗花"和婚礼时象征爱情和生育的"喜花"。洛川剪纸的特点则是造型古朴原始，洛川剪纸中含有许多象形文字符号，这既展现了陕北剪纸的粗犷之美，又融入了关中剪纸的精细装饰之美。

黄陵剪纸以孝悌故事和戏曲人物为主要内容，体现了弘扬黄帝文化和传承民族美德的精神。这种剪纸的艺术特色在于其造型的浑厚、构图的新颖，具有强烈的艺术感染力。黄陵县的剪纸大师张林召、郑玉珍、杨喜仙、李竹英等，对当地剪纸艺术的发展有着重要影响。

志丹剪纸的线条细腻而锐利，多采用镂空阳刻剪法。吴起剪纸则采用外圆内空的独特剪法，形成单线造型。东边的延长、延川剪纸风格则倾向于纤细精巧，剪纸题材广泛，画面单纯明快且丰富大胆，生动地体现了陕北人善良、乐观向上的性格特征。

延安各县剪纸在风格和表现形式上的多样性深刻地反映了陕北地区丰富的文化内涵和艺术风格，但总体呈现出源于农耕文化并延续东汉时期画像石艺术"以象示意"的审美意蕴。延安剪纸不仅是黄土高原的文化现象和精神符号，还是民间文化的重要内容及陕北民俗的重要表现形式。

5. 延安农民画

20 世纪 70 年代中期，延安农民画开始出现，其作者主要分布在陕北的延安市安塞区、洛川县、富县、延长县等地。延安市安塞区被国家文化部（现中华人民共和国文化和旅游部）命名为"中国现代民间绘画之乡"。

延安农民画是一种现代民间绘画形式，其艺术风格深受当地剪纸和刺绣等传统民间艺术的影响。这种艺术形式的主要创作者是具备剪纸和刺绣技能的农村妇女，她们通过大胆的想象将日常生活中的复杂内容进行艺术化的夸张处理，创作出了既有趣又富有故事性的作品。

延安农民画中最具代表性的是安塞农民画。安塞农民画以其自由的构图、鲜明的色彩和夸张的形象而著称，其创作者经常将现实和想象巧妙地结合起来，描绘陕北农民的日常生活和对美好生活的向往。安塞农民画的特点在于它将传统民间艺术的表现技巧与现代绘画的元素相结合，创造出既具有地方特色又富有现代感的艺术作品，展现了陕北农民对生活积极、健康、向上的情感和浪漫、夸张、抽象、简练的艺术追求，这些作品不仅具有强烈的视觉冲击力，更在文化上体现了陕北地区丰富的民俗风情和多彩的社会生活。安塞区的白凤兰不识字，但能讲出很多古时候的传说，《毛野人》（图 1-17）是其代表作之一。在创作这个作品时，她先用纸剪了几个不同大小的毛野人，又剪了一堆"火"、树及各种动物，然后在画纸上摆放，定好构图，在上色时，她只用了黑、红、黄三种颜色，更显画面的神秘。她认为天上有日月，月是蛤蟆，日是鸦；地也分阴阳，树上坐着的毛野人长在最高处的阴阳界上。地上的毛野人点了一堆火，并围着火跳舞、取暖。白凤兰具有原始巫图文化的创作思维。

图 1-17　安塞区白凤兰《毛野人》（参观安塞文化艺术馆并摄影）

洛川农民画自兴起至今，虽然历史不长，但其在这短短的几十年间迅速崛起，出现了大量杰出的创作者和优秀作品。这种艺术形式虽然起步较晚，但其独特的艺术魅力和文化价值已经得到了海内外人士的广泛认可和喜爱。洛川马秀英的《讲卫生》（图 1-18）以细腻的笔触和深刻的生活内涵获得赞誉。洛川农民画通常描绘当地的自然风光、农村生活及传统节庆等，展示陕北地区的乡土风情和社会文化，是记录和反映社会变迁、生活方式和地方文化的重要载体。

洛川农民画的魅力在于其朴素、清新且浓郁的乡土气息，这不仅体现了创作者对本土文化的深刻理解和热爱，还展示了他们对生活环境的细致观察和艺术化表达。洛川农民画风格简约而不失细腻，色彩清新而充满活力，既保留了传统民间艺术的特色，又融入了现代艺术的元素，创造出一种独特的视觉效果。洛川农民画的快速发展和艺术成就，不仅丰富了中国农民画的艺术谱系，还为研究和推广中国现代民间艺术提供了重要的案例。这些作品在传承和创新中展现了当代民间艺人的才华与创造力，是连接传统与现代、乡村与城市的文化桥梁。通过洛川农民画，我们可以深入理解中国乡土文化的独特魅力和价值，以及民间艺人对生活美学的独到见解。

图 1-18 洛川县马秀英农民画《讲卫生》（参观安塞文化艺术馆并摄影）

通过对不同地区农民画的研究，我们可以发现它们不仅在艺术形式上各具特色，而且在文化内涵上各有侧重。安塞农民画的大胆和直接，洛川和富县农民画的细腻和内敛，共同构成了陕北农民画独特的艺术风格。这些作品不仅是创作者个人才能的体现，还是陕北地区文化多样性和社会生活的真实写照。

6. 延安面花

面花俗称"花馍",属于面塑艺术。据宋人高承的《事物纪原》记载,诸葛亮征讨孟获时,曾用面做出牛、羊、猪、人头等,用以祭神。这些虽为传说,但透漏出面花起源于古代祭祀活动的信息。我们从孟元老的《东京梦华录》的记载中可以看出,宋代的各种面花已经与岁时节令密不可分,进而应用于人生仪礼的重要环节,随后逐渐渗透到生活的各个领域并流传至今。在陕北地区,这种艺术形式被称为"花馍",在某些地方也被称为"老馍馍"。花馍是通过手工捏制面团而制成的,具有祈福和庆祝的意义。这种民间艺术主要分布在洛川、黄陵、富县等地,一般由家庭主妇制作。另外,这种技艺通常是辈辈相传的。面花(图1-19)的种类繁多,按照用途和形式可以分为祭祀礼馍、婚嫁花馍、寒食燕燕等。这些不同类型的面花不仅在造型和装饰上各有特色,还具有不同的文化和社会意义。例如,婚嫁花馍通常用于婚礼庆典,象征着吉祥和幸福;祭祀礼馍则用于祭祀活动,表达对祖先的敬仰和缅怀之情。

图1-19　黄陵县面花(参观中华始祖堂并摄影)

黄陵面花在不同的使用场合也被称为"花贡""贡馍""彩花贡""罐罐馍""油馂馂""喜斗子""油馍""硬盘""茧"等。它是用面粉、食用色素、水等原料制好面团,再通过揉、捏、梳、剪、按、压、蒸等工艺制成的具有浓郁地方特色的实用性极强的民间手工艺品,主要用于祭祀、婚庆等场合,是劳动人民智慧的结晶。

黄陵面花自古以来就与黄帝的祭典密切相关,是祭祀黄帝时必不可少的祭品。在传统的祭祀中，敬献饼羹是尤为重要的祭祀环节，先民们通常用捏制的面花代替饼羹进行祭祀。祭祀面花（图1-20）以做工精巧、造型别致而著称。它反映了黄陵人民对祖先的崇敬之情，具有不忘先人功德、祈予平安的寓意。随着时代的变迁，面花也与当地群众的生产生活，以及岁时节令、婚丧嫁娶、生儿育女等礼仪活动结合起来，具有了普及性和平民化的特征。

图 1-20　黄陵县祭祀面花（参观中华始祖堂并摄影）

黄陵面花制作流程复杂、工序繁多、内容丰富、技艺考究，是制作者用时间和心血雕琢而成的艺术品。祭祀用的面花以二龙戏珠、万紫千红、百鸟朝凤、雄狮猛虎为主，精巧繁复，庄重大气；婚礼用的面花以老虎、狮子、白兔为主，灵巧生动，令人赏心悦目；清明节常用的罐罐馍主要以牛头、豕（猪）头、羊头、麦垛为主，精雕细琢，寓意深刻。

洛川面花（图1-21）是洛川塬上流传极为广泛的一种民间面塑艺术形式。面花是陕北地区独具特色的食品艺术形式，体现了该地区厨艺与美学的紧密结合。洛川花馍通常用于婚礼、丧礼、寿礼、祭祀等礼仪性活动中，或者在年节庆典、走亲访友时使用。它以小麦精粉为基本原料，辅以色素、辣椒面、豆子等，借用针、梳、刀、剪等工具，经过捏、剪、修、缀等工序制作而成。

其品类有祭祖祀神的"供儿"、葬礼用的"油云（又称油莲花）"；清明节用的"冠儿"，为圆丘状，面花周围环绕鸟雀，借以纪念晋文公的功臣介子推；家人食用的面花顶上则堆塑书本笔砚、粮囤，祈盼丰衣足食、读书成才；端午节烙面鱼据说是为了纪念屈原；虎馍、兔馍用于过年和馈赠儿童。其中尤以婚礼用的"馄饨"和献祀用的"供儿"制作最为讲究，须分别将各种颜料掺揉至面团中，捏塑的花鸟鱼虫呈现出五颜六色、栩栩如生的艺术效果。"馄饨"大而精致，须为一对，整体呈卷云状，其上缀以龙凤、牡丹、蜂蝶，以祝福新人龙凤呈祥、美满如意。

图1-21　洛川面花王筱莹《龙凤呈祥》（参观洛川县非物质文化遗产保护中心并摄影）

延安面花，尤其是黄陵面花，不仅是一种美食，更是艺术表达和文化传承的重要载体。每一款面花都是对传统文化的传承和对现代生活的创造性回应，在文化传承和现代生活方面具有重要价值。面花通过独特的艺术形式和丰富的文化内涵，展现了陕北人民对生活美学的追求和对传统文化的重视。

7. 延安刺绣

延安民间刺绣是一种传统的手工艺术，一般由当地妇女创作，手艺高超的妇女可使用彩色线在各种布料上绣制出丰富多彩的图案。这些刺绣作品不仅是陕北妇女美化日常生活的重要物品，更是陕北地区文化特色和生活习俗的体现。陕北民间刺绣作品种类繁多，紧密贴合当地居民的日常生活需求，主要包括绣花鞋、虎头帽、虎头鞋、裹肚、香包、钱包、门帘、鞋垫等。这些作品不仅是日常生活中的实用品，更是陕北地区人民智慧的结晶和文化传承的见证。

志丹县传统文化浓郁，境内红色文化、黄土文化、民族文化、边塞文化交相辉映，非物质文化遗产资源丰富，刺绣纹饰就是一项保留和传承下来的志丹民间艺术形式，具有重要的文化价值。志丹刺绣的主要形式有鞋垫、枕头顶、针扎、布动物、钱夹、马褂等（图 1-22、图 1-23）。

图 1-22　志丹刺绣工艺（参观志丹县非物质文化遗产保护中心并摄影）

图 1-23　志丹刺绣《鱼》（参观志丹县非物质文化遗产保护中心并摄影）

志丹刺绣在工艺上表现出极高的精细度。这种刺绣要求绣工具有非常高的技艺水平，要能够在细小的布料上进行精细的制作。这种刺绣的每一针每一线都体现了刺绣师的匠心独运，无论是线条的流畅性还是细节的处理都体现了刺绣师高超的技艺。志丹刺绣色彩丰富，具有生动的视觉效果。其色彩搭配不仅考虑了整体的和谐与美感，还注重对传统文化元素的准确表达。通过不同色彩的组合，志丹刺绣能够展现出丰富的情感和深厚的文化内涵。在志丹，刺绣是普及于民众的一种生活艺术，其图案设计简洁而富有生活气息。随着时间的推移，这种传统工艺不断融入现代元素，既保留了传统的韵味，又吸引了更多年轻人参与，从而得以传承和发展。

洛川和黄陵的刺绣艺术以其奔放的造型设计和鲜明的色彩运用而著称。洛川刺绣文化还体现在绣花枕头上，这种枕头通常可作为陕北女子的嫁妆，旨在展示其心灵手巧和贤惠能干的特质。还有为儿童绣制的耳枕，如鱼枕、蛙枕、虎枕等，其不仅具有美丽的外观，还寓意着保佑儿童平安健康。志丹刺绣则在当地传统刺绣技艺的基础上，融合了古代服饰装饰绣法的优点，形成了自己独特的风格。

8. 延安毛麻绣

毛麻绣（图1-24）是在传统刺绣的基础上研创出的一种独特的艺术形式，以延安洛川的毛麻绣最具代表性。洛川毛麻绣是在洛川剪纸、洛川刺绣和洛川民间箱柜画的基础上衍生而来的新的民间艺术形式，其是以农村的麻袋片为底衬，用彩色的棉线和毛线通过扎、织、绣的方法制作而成的。它既有剪纸的特点，又有刺绣的风格。

毛麻绣是随着编织的出现而出现的。据记载，早在战国时期就有在麻片上绣制的用于祭祀、战争的绣品，明清资本主义萌芽时期已有小作坊在制作了。20世纪70年代末，洛川文化馆的王生毅在研究、整理洛川剪纸、刺绣的时候，突发奇想，取洛川剪纸的造型、刺绣的配色特征和民间绘画的构图特征，并结合当地的民俗风情及乡土文化，设计并制作出第一幅毛麻绣作品——《艾虎》，为洛川刺绣的传承和发展另辟蹊径。

毛麻绣继承了洛川民间传统刺绣的色彩搭配、构图方式，以及剪纸的造型等。绣制时，民间艺人按照传统刺绣的针法，如平绣、拉针、钩绣、锁绣、结籽绣等，一针一线绣制而成。制作洛川毛麻绣所用的材料为毛麻布、腈纶彩线、木框子、大号铜针等。首先，民间艺人将毛麻布固定在木箱上，并拉紧、拉平，以使刺绣的图案平滑结实。然后，民间艺人将画稿平铺在毛麻布上固定好，按照画稿上的图案，并遵照传统的配色习惯和个人喜好进行绣制。绣好图案的毛麻布只是半成品，统称为"绣片"，民间艺人可根据需要将绣片装在镜框里，或者给绣片打底衬、加横轴、打穗子，进行再装饰，一幅完整精美的毛麻绣工艺品才算制作完成。洛川毛麻绣不仅保留了传统刺绣的精华，还为传统刺绣在现代社会的发展找到了新的路径。

图 1-24　洛川毛麻绣王生毅《毛驴》（参观洛川县非物质文化遗产保护中心并摄影）

　　毛麻绣的技艺体现在其对毛线或麻线这两种传统材料的巧妙运用上。毛麻绣的绣法要求绣制者具有高超的技艺和高度的耐心，绣制过程中的每一针每一线都要精确和细致。通过不同的刺绣技巧，如平绣、网绣、错绣等，绣制者能够在布料上创作出丰富多彩、细腻生动的图案。毛麻绣的独特风格体现在其图案设计上，这些图案常常融合了地方文化中的元素。洛川毛麻绣的题材非常广泛，祭神辟邪、生产劳动、习俗节气都是其表现的内容。毛麻绣最具代表性的作品有表现祭神辟邪的《艾虎》《阴阳与人》《雷震子》《抓髻娃娃》等，表现生产劳动场景的《磨豆腐》《纺线》《织布》《犁地》等，表现习俗节气的《回娘家》《老鼠嫁女》《出嫁》《绣端午》等，表现欢庆的《鳖鼓》《老秧歌》《划旱船》等。这些作品具有极其鲜明的地域文化特征和浓郁的乡土生活气息，反映了民间艺人对当地文化和自然环境的深刻理解，是对传统故事的艺术再现。民间艺人通过创新和实验，不断地探索新的表现手法，使传统的毛麻绣艺术保持了活力并充满了现代感（图1-25）。这种创新不仅体现在技艺上，还体现在作品的主题和表现的内容上。

图1-25　洛川毛麻绣李乐见《现代壁挂》

（参观洛川县非物质文化遗产保护中心并摄影）

　　毛麻绣是一种传统的刺绣艺术，其不仅是对传统刺绣技艺的展现，更是对文化传承和创造力的体现。对毛麻绣的研究和保护工作对于理解和推广地方文化，以及激发传统艺术的现代转化具有重要的意义。2008年，洛川毛麻绣被延安市人民政府公布为市级第一批非物质文化遗产。

　　9. 延安雕刻

　　延安黄陵是中华文明的重要发源地之一，其祭祀文化历史悠久，底蕴丰富。黄陵地区，除了轩辕黄帝的陵寝和庙院外，还可以见到其他各类庙宇，如文庙、武庙、药王庙、娘娘庙等。这些庙宇大多雕梁画栋，构造精巧，美观至极。庙宇的修葺多由传统工匠负责，工匠之间互相交流、学习，催生了具有黄陵独特风格的木雕工艺。到了近代，随着社会的发展，黄陵的木雕制作工艺逐渐从建筑领域转向民间，尤其是在棺椁制作上得到了广泛应用。黄陵木雕构图严谨,刀法细腻,不仅被用于建筑和家具装饰领域,还在棺椁雕刻中展现出独到之处。棺椁雕刻常以民间传说的二十四孝故事、龙凤、福禄寿喜等为图案,展现了制作者对雕刻工艺的极致追求,其人物刻画细致入微,花鸟栩栩如生,装饰和服饰的细节处理得生动逼真,构图严谨而不杂乱。

黄陵木雕又称木刻(图1-26),是黄陵当地传统的民间手工技艺之一,其以独特的造型、逼真的神态、流畅的线条、光滑的表面及鲜艳的色泽而著称。黄陵木雕是以黄陵特有的柏木、松木、梨木为原料,经过圆雕、深雕、透雕、浮雕等工艺精细雕刻而成的,具有石雕等其他雕刻形式所不具备的独特优势。黄陵木雕的题材广泛,多取自民间神话传说和人物故事。过去,木雕主要以古建筑的雕梁画栋、飞罩、门窗隔扇、联匾等工艺品和家居用品,如台、几、案、架、座、床、橱、箱、桌、椅等为主,后来以寿木雕刻最为突出。

图1-26 黄陵木雕(参观中华始祖堂并摄影)

几百年来,黄陵的木雕工匠在继承和发扬传统木雕艺术的基础上,形成了具有鲜明的黄陵特色的艺术风格。黄陵木雕以其高度的观赏性、艺术性和收藏价值而著称。柏木具有红润的木质、清晰的纹路、坚硬的材质、芳香的气味,以及良好的耐腐蚀性和易保存性,因此成为黄陵木雕的首选材料。除了柏木以外,枣木、梨木、核桃木等坚硬的木料也是制作黄陵木雕的常用材料。黄陵木雕是当地的传统民间手工技艺,受到美术界的高度重视。

黄龙根雕取材于黄龙山茂密的森林,民间艺人充分利用树根的天然造型,不做过多修饰。黄龙根雕古朴典雅,神形兼备,既保留了树根的天然之精华,又彰显了创作者的奇巧构思。黄龙县根雕艺术创作开始于1993年,最早的根雕创作者主要有秦泰森、胡振有、马志胜、徐福成、刘忠学等，后来随着张孝斌、张发业、张志义、左广河等一批艺人相继从业，带动了全县100多人投身于根雕艺术创作之中。黄龙县还成立了"黄龙县根雕协会"，并在县城成功举办了多次展览，极大地推动了黄龙根雕艺术的发展。

延长石板画历史悠久，继承了东汉画像石的雕刻风格。东汉时期，陕北地区涌现出大批富甲一方的豪门大户，他们竞相建造墓室，厚葬成风。当时的石匠艺人便以当地常见的石板为雕刻材料，进行墓葬画像石的刻制工作。后来，这种技艺便一代代传了下来。延长石板画（图1-27）被誉为"陕北民间艺术奇葩"，其自成体系，独具匠心，秉承了汉画像石的风格，拙中见朴，朴中纳秀，极具审美价值。2008年11月，延长石板画被列入延安市非物质文化遗产名录。创作延长石板画的大多为有石刻手艺的农民，其中非遗传承手工艺人李春迎尤为出色。

图 1-27　延长县石板画

10. 延安布堆画

布堆画与棉布相伴而生，是我国男耕女织原始劳动形态的产物，其雏形为陕北农村妇女日常的针线活，是一种实用性手工艺术。这种艺术形式的诞生与陕北地区特有的地理环境和生活条件密切相关。由于这里道路闭塞、生产力水平不高，加之生活物资匮乏，大人和孩子们的衣物常因劳作和嬉戏而损坏。在这样的背景下，陕北妇女们展现出了她们的智慧和创造力。她们将自家织制的粗布染成青、赤、黄、白、黑等多种颜色，并用这些色彩丰富的布料修补衣物。在修补衣物时，她们不仅关注补丁的实用性，还巧妙地将当地的风俗习惯和日常生活元素融入其中，通过层层堆叠、精心剪裁和缝补，

创作出既美观又耐磨的布堆画。布堆画（图 1-28）是陕北延川地区广大劳动
人民在长期的劳动、生活中创造出的具有广泛的群众性和鲜明的地域性的传
统民间艺术形式。

图 1-28　延川布堆画袁随花《门神》（参观延川县文化馆并摄影）

延川县布堆画是一种民间传统艺术形式，因其独特的艺术风格和丰富的
文化内涵而享有盛誉。延川布堆画堪称陕西一绝，其与延川地区流传的剪纸、
刺绣、泥塑、面花、石雕、木刻及镶嵌艺术一同构成了该地区丰富的民间艺
术生态。布堆画又叫布贴花、布摞花或拨花，其源远流长，反映了劳动人民
的日常生活和风俗习惯，早期作品还反映了当时社会生产力不发达、物质生
活匮乏的生活方式。这种艺术形式主要以农家自织的粗布为原料，通过高温
染色处理，将布料剪裁并染成各种颜色，以表现广泛的题材，如民间故事传
说、传统戏剧人物、民俗风情及花鸟禽兽等。在婚嫁等喜庆场合，布堆画常
带有寓意吉祥的图案，如"鱼戏莲花""莲生贵子""蛇盘兔"等，体现了人
们对美好生活的祈愿和追求。

随着时代的发展，布堆画逐渐从简单的衣物修补演变为一种独立的艺术
形式。布堆画以棉纺织的土布为主要材料，布料有青、赤、黄、白、黑等颜
色。创作者采用贴块、拼接、镶花、堆叠和缝合等复合造型法，创作出充满
民族特色的图案。布堆画通常用夸张变形的手法来表现画面内容，意象生动，

想象力丰富，被誉为陕西民间艺术的瑰宝。延川布堆画不仅可以表现传统题材，还逐步引入了具有现代内格的元素。陕北民间艺人开始专门为其进行装饰设计，使其成为精美的艺术品。例如，冯山云的作品《黄河》（图1-29）就是布堆画艺术的杰出代表。在这幅作品中，作者使用红、黄色系的布料构成生命之河的主体，画中的巨龙、雄狮和人物形象通过抽象的变形手法呈现，生动地展现了陕北女性的坚韧和男性的沉着，整个作品表达了对陕北人民吃苦耐劳、坚韧不拔精神的赞美。这些作品不仅丰富了布堆画的艺术表现形式，还将这一传统艺术形式推向了新的发展阶段，使其具有了独特的审美价值和时代意义。

图1-29　延川布堆画冯山云《黄河》

延安布堆画是一种视觉艺术，是对文化和精神的传达。它体现了陕北人民的生活智慧和艺术创造力，也是对陕北独特文化传统的一种保护和传承。通过这些丰富多彩的布堆画，人们可以深入了解陕北地区的文化特色、民俗风情，以及当地居民的生活状态和精神面貌。

11. 延安熏画

熏画来源于剪纸熏样。熏样是过去民间保存剪纸花样的一种方法，是用烟火把剪纸原样"复印"到纸张上的一种独具特色的民间艺术形式，后用于碗架等的装饰中，是在传统碗架云子的基础上形成的。

富县熏画源于陕北富县民间的传统装饰工艺品——碗架云子。碗架是延安南部农家为美化家居环境、防虫挡尘而制作的一种存放日用品的家具。在春节期间，当地居民会制作一套碗架云子，贴于碗架上，形成一种垂帘状的装饰。熏画的艺术形式与剪纸有着密切的关系，制作时民间艺人首先要进行构图设计，接着是剪制纹样，然后将剪好的纸样放置于白纸或彩色纸上。之后，民间艺人会使用清水雾喷湿纸张，并用松枝、树皮等材料进行反复熏制。当黑烟将纸张熏干后，轻轻揭去纸样，熏画便制作好了。熏画的艺术效果结合了剪纸和板画的特点，如薛中林的《迎亲图》（图 1-30），便是富县熏画中的经典作品。该作品生动地描绘了陕北的婚俗嫁娶场景，画面中四位陕北汉子抬着轿子，轿中的新娘端坐其中，天空中飞舞的龙凤象征着吉祥和幸福。这幅作品构图饱满，造型繁密，具有浓郁的民俗风情。

图 1-30　富县熏画薛中林《迎亲图》

延安富县熏画是陕北地区的一种独特传统艺术形式，其制作工艺也很独特，其主要特点是运用烟熏技术在特制的纸张上制作图案。通过烟熏，民间艺人能够在纸上创作出具有独特色彩和质感的图案，使每一幅作品都具有独一无二的艺术风格。富县熏画在风格上既有写实的元素，又有抽象的表现。富县熏画展示了当地人民对传统文化的传承与创新，为传统艺术的现代转型和发展提供了有价值的参考。

12. 延安陶瓷

延安市新华陶瓷厂是中国共产党于 1942 年在陕甘宁边区投资创建和管理的第一个公营陶瓷厂，主要生产缸、盆、碗、罐等日常生活用品（图 1-31）。

该厂自成立以来，专注于紫砂产品的生产。该厂采用注浆成型和旋压成型的技术手段进行生产，产品种类繁多，包括茶壶、茶杯、电火锅、盖碗等。这些产品以其质地坚硬、胎体细腻、器形美观而著称，满足了人们日常使用的需求。延安市新华陶瓷厂的成立与发展，得益于当地紫砂土的丰富储量和优质特性。延安紫砂土产自黄土高原山坡，具有紫红色的外观和较高的含铁量，这种独特的原料使延安的紫砂产品在质地、断面细腻度及制作工艺上可与宜兴紫砂相媲美。基于这一优势，当地政府决定投资发展紫砂陶瓷工业，旨在进一步提高延安陶瓷制品的生产水平。

图 1-31　新华陶瓷厂白釉青花碗

新华陶瓷厂不仅是延安陶瓷产业的重要组成部分，还是中国共产党在延安时期革命业绩的历史见证，承担着进行革命传统教育、爱国主义教育及延安精神教育的重要使命。作为中共中央投资创办的第一个公营陶瓷厂及中国唯一的红色官办瓷窑，在宜兴陶瓷公司的技术指导与协助下，新华陶瓷厂利用当地的优质紫砂土制作出了多种茶具，包括仿唐提篮壶、扁圆形的钟壶、竹节壶等多款精致茶具，其艺术与工艺水平堪比宜兴紫砂，展现了延安市新华陶瓷厂在紫砂陶瓷制作领域的高超技艺和独特创新能力。这些成就不仅丰富了延安及中国陶瓷工业的历史，还为延续和弘扬延安精神、传承红色基因贡献了重要力量。

黄陵黑陶（图 1-32）是仰韶文化的遗存，其中刻花黑陶最有特色，具体产品有花瓶、花罐、花盆、笔筒等。黄陵黑陶中的双层透雕的作品别具一格。其纹样吸收了剪纸、木雕、刺绣等民间工艺的精髓。在制作过程中，民间艺人根据陶瓷工艺的特点加以融合，将透雕、刻花、戳花等技艺融合在一起进行制行。黑陶是集手工、美工、烧制等于一体的综合性艺术形式，要经过拉坯、阴干、镂刻、抛光、熏制、封火、渗碳、打蜡等 30 多道工序才能完成制作。黄陵黑陶整体和谐，结构合理，层次分明，虽无彩饰，但仍变化有致，具有独特的艺术风格。主要作品有黄帝功德瓶、笔筒、百龙瓶、百寿瓶、镂空瓶、香炉、熏炉、烟灰缸、陶埙等。

图 1-32　黄陵黑陶（参观中华始祖堂并摄影）

古黑陶起源于五千年前的"桥山文化"时代。据古书记载，黑陶最早是由轩辕黄帝身边一个名叫宁封的能工巧匠发明的，故又称为轩辕黑陶。富县研制开发的"轩辕"牌黑陶系列产品已达六大类、六十余种。"轩辕"黑陶以弘扬"轩辕黄帝"公德和"轩辕黄帝"文化为宗旨，以"轩辕黄帝"人文资源为核心，将"古、近、现代"黑陶之长融为一体，具有独特魅力。黑陶产品古朴典雅、黝黑发亮、精致美观，体现了仿古与现代之美，具有极高的收藏、观赏及实用价值，是旅游纪念、馈赠亲朋、居室陈列的理想之品。

13. 延安糜粘画

延安吴起豆粘画是一种独特的艺术形式，源于我国传统的春节民俗。为了祈求平安和吉祥，人们会在春节期间祭祀灶王爷，并将谷物贴在墙上制作画作。吴起豆粘画的主要原料是豆子和其他谷类农作物，运用这些天然材料，民间艺人创作出了充满民俗风情的作品。

延安吴起糜粘画（图 1-33），民间流传起源于唐朝初期，其制作技艺和文化意义在长期的历史传承中逐渐形成并不断丰富。糜粘画的历史可追溯至"瓜子娃娃"和"豆粘画",最终演化为现今的糜粘画。这种工艺品以独特的艺术价值而著称,其工艺技法融合了绘画、雕刻、塑造等多种手法,具有高度综合性的艺术风格。吴起糜粘画的产生和发展是一种历史的积淀,也是一种传统手工技艺的体现,其独到之处是技艺与文化的完美结合,体现了深厚的历史文化底蕴和创作者的艺术创造力。

图 1-33　曹灵艳糜粘画作品——《洗澡》(参观吴起县非物质文化遗产保护中心并摄影)

糜粘画的制作过程涵盖多个步骤,从初步的糜子筛选到最终的画作装框,每一步都体现了匠人的巧思与细致。制作过程始于对糜子的精选,这一步骤旨在剔除杂质和劣质糜子,确保所用糜子颜色一致、大小均匀。接着,将设计好的图案印刷在木板上,为后续操作奠定基础。随后,选用优质乳胶涂抹于图案所在的木板上,以便糜子能牢固地粘贴在上面。之后,通过涂布清漆为作品增加保护层。制作的关键步骤是将筛选好的糜子依照设计图案的颜色搭配,一颗接一颗地粘贴在木板上。最后将完成的糜粘画装入精选的框内,既美观又防潮、防碰撞。这一系列工序不仅体现了糜粘画独有的制作技艺,还展示了匠人进行艺术创作的独特魅力。

吴起糜粘画的主要特征和价值体现在其历史传承性、原生态特征及吉祥物特征等方面。其历史传承性体现在糜粘画从唐初至今的发展轨迹上,经过世代相传和技艺改进，才形成了独具特色的吴起糜粘画。其原生态特征体现在糜粘画使用吴起特产的五色糜子作为主要材料，糜子未经过任何加工，保留了其天然属性，这彰显了糜粘画作为一种原生态工艺品的独特性；糜粘画自诞生以来就被视为一种吉祥物，承载着美好的寓意。在艺术价值方面，作为一种综合性艺术形式，糜粘画的制作技法集绘画、雕塑于一体，具有丰富的艺术表现力。吴起糜粘画的实用价值亦不容忽视，其不仅可作为商务大厅、廊道及宾馆的装饰物，还可作为营造室内雅致氛围的艺术品。

吴起糜粘画是一种艺术表现形式，其以农作物为媒介，展现了农村生活的丰富多彩和居民的创造力，也体现了对自然资源的珍惜和对传统文化的尊重。因此，其成为探究我国传统农业社会和民间艺术的重要窗口。

延安地区的民间美术种类丰富，形式多样，不仅在艺术价值上具有重要意义，还在文化传承和学术研究方面扮演着重要角色。这些民间美术作品不仅是陕北地区社会历史、文化传统、民间信仰和精神生活的重要组成部分，还是中国乃至世界文化遗产的重要组成部分。因此，深入研究和保护延安地区的民间美术资源，对于传承和弘扬中华优秀传统文化具有重要意义。延安地区的民间美术作品展示了陕北地区独特的文化魅力和艺术价值。

（二）榆林地区

榆林位于陕西省的最北部，历史悠久，是黄土文化的发源地。绵延曲折的明长城穿境而过，将陕北黄土高原和广袤的毛乌素沙漠隔开，使榆林这座塞上古城具有独特的风韵。榆林人用自己的方式让这片土地散发出一种独具特色的美。

1. 榆林红石峡石窟

《榆林府志》中记载：红石峡"山皆红石，环列若屏障，落日照之如霞起""山之两崖，飞湍电转，红影外浮""峡中榆柳荫映，凫鹭喥呷"。

红石峡（图1-34）又名雄石峡，在榆林市区城北3千米的红山脚下，峡壁东西对峙，石壁耸立。明成化八年（1472年），延绥巡抚余子俊凿石开河筑渠，引水南下，取名榆溪河、广泽渠。在东西数百米长的悬崖峭壁上建有层层叠叠、错落有致石窟庙殿40余处。以"天门""石阶"隧洞相通，壁上留有160余幅历代名人的题刻，真、草、隶、篆俱全，字大者丈余，小不及寸，是全国少有的石刻书法宝库，被誉为"塞上碑林"。窟内石雕佛像多已被风蚀，但仍能看出历代造像的风格特征，皆反映了当时社会的宗教信仰和艺术审美。红石峡集奇山秀水、石窟古刹、摩崖题刻、水利枢纽、军容要塞于一体，是体验大漠风情、边塞文化、蒙汉民俗及休闲娱乐的游学胜地。

图 1-34　榆林红石峡石窟（考察榆林红石峡石窟并摄影）

2. 榆林雕刻

（1）榆林汉画像石博物馆

榆林汉画像石流行于东汉中晚期，延续了大约一百年。汉画像石是汉人雕刻的带有鲜明主题的装饰石刻画，一般用于墓室和祠堂中。其作用是加固、装饰、镇宅及留志告世。画像石以石为地，以刀代笔，刻绘并用，生动地描绘了汉代的典章制度、自然神话、民间故事、英雄传说、日常生活、战争场景、娱乐活动、宗教信仰及民族交融等，反映了人们对生世的依恋和死后的追求，展示了汉代的物质文化和精神文化状况。它因独特的风格在全国画像石领域里独树一帜，被学界单列为一种类型。它像一面多棱镜，从各个方面折射出一千八百多年前陕北的社会形态，显示了陕北汉代文化的辉煌成就，是一部记录陕北汉代社会状况的百科全书。

榆林汉画像石博物馆位于榆林市世纪广场，隶属榆林市文旅局。榆林汉画像石博物馆展出了榆林地区出土的部分汉画像石。陕北画像石产生、盛行于公元 100 年前后，流行了约一个世纪，一部记录陕北汉代社会状况的百科全书。陕北汉画像石刻绘结合的神韵和丰富广博的内涵，来源于中国传统的艺术观念和审美追求，最终以充满力量和动感的形式表现出来，体现了泱泱大国的强悍之风。

图 1-35　榆林汉画像石博物馆　复原米脂官庄二号墓 东汉（参观并摄影）

图 1-36　榆林汉画像石博物馆　衍生文创品（参观并摄影）

（2）陕西绥德汉画像石馆

榆林绥德县位于榆林市东南部，是一个具有深厚文化底蕴和悠久历史的地方，该县的文化遗产尤为丰富。绥德汉画像石是以本地盛产的面平如纸、薄厚均匀的页岩为材料，以墨线勾样、浅刻浮雕，然后施以朱、绿、赭、白等色绘制而成的。绥德汉画像石是历史的风雨将毛笔书写的文字浸漶，时光的风沙将地面的遗迹摧毁，留下的唯一图像资料。19世纪20年代，人们在绥德境内发现了第一块陕北汉画像石；1953年，人们在西山寺发现、发掘了第一座陕北汉画墓葬后，在全县地域内先后出土了近600块汉画像石。绥德汉画是集祭祀与装饰为一体的墓葬艺术。汉代工匠以精湛的技艺，在本地产的天然石板上，采用平面阳刻的技法，或加阴线施麻点，或浅浮雕平雕并用，或墨线勾勒，或朱、绿、赭、粉、白、蓝、墨色勾勒点染，雕刻与绘画结合，创造出一幅幅精美华丽的图画。绥德汉画以粗犷厚重的边塞风格和轻盈柔美的灵动之感，题材涵盖农耕畜牧、狩猎征战、车骑出行、歌舞饮宴、圣贤故事、神话传说和珍禽瑞兽等，反映了汉代边郡丰富的社会生活以及人们的思想信仰和精神追求。它是研究汉代陕北乃至北方地区的政治、经济、军事、文化、民风民俗的历史遗珍。在全国众多汉画像石中，陕西绥德汉画像石以其独特的艺术风格而著称。这种风格并不追求人物面部细节的精细刻画，而是通过简洁、流畅的线条和构图来增强视觉装饰效果。如《完璧归赵》（图1-37）历史故事画像石，画面中心为一曲柱，左侧着袍者为秦王，右侧的蔺相如手持玉璧。其艺术表现形式包括开阔的空间布局与突出的图像显示，以及简化的形象等。此外，榆林汉画像石采用的浅浮雕技艺使拓片呈现出类似剪影的效果，并且通过背景的凿刻增强了图像的立体感，这种创作思路源于我国传统的艺术观念和审美追求，最终以充满力量和动感的形式表现出来，展现了陕北地区特有的粗犷与深邃的艺术风格。

图 1-37　陕西绥德汉画像石馆《完璧归赵》（参观并摄影）

　　陕北汉画像石的独特之处在于它将绘画艺术和雕刻技艺相结合，创造出具有独特风格的艺术作品。通过对陕北画像石的研究，人们能够更加深刻地理解古代陕北地区的社会文化特征并了解其历史变迁，从而可以深入了解汉代社会结构、民间信仰、日常生活及自然环境。这些画像石不仅见证了历史的变迁，还展现了古代人民的生活状态和艺术审美能力，是我国古代文化和艺术史上不可多得的珍贵遗产。

　　（3）榆林石雕

　　民间雕刻艺术的形成可追溯到秦汉之前。绥德县"秦公子扶苏墓"和汉代画像石是金石凝结的艺术，是历史足迹最有力的鉴证。这说明秦汉时期陕北石雕石刻已经形成独特的艺术风格。绥德石雕是陕北雕刻艺术的代表。

绥德石雕是一种传统的雕刻艺术，已经有超过两千年的历史，至今仍然流传不衰。绥德的天然石材资源丰富，石材色调青灰，质地易于雕刻。绥德每个村都有石匠。这些石匠使用传统的石雕工具以及近年来出现的现代雕刻工具，按照心中的构图历经打荒、粗雕、精雕、细刻、打磨等多道工序，将石材雕刻成各种生活用品和艺术品，如牌楼、碑碣、亭、塔、廊柱、花板等。这种艺术形式在 2014 年被列入第四批国家级非物质文化遗产代表性项目名录扩展项目名录，具有深厚的文化价值。

绥德石狮是陕北地区独特的民间艺术形式，主要分为两类：镇宅狮子和拴娃娃狮子。镇宅狮子多被安置在宅院的外部，如墙头或门口等位置。这种石狮有着威武的形象，象征着力量和权威，被视为万兽之王，具有震慑作用，旨在保护家园，起着护院镇宅的重要作用。拴娃娃狮子通常放置在屋内的炕上，用于守护儿童。这类石狮的造型憨态可掬，其设计初衷是"拴住"孩子，防止鬼怪将孩子带走，因此也被称为"炕头石狮"。这些石狮既是对古代石雕艺术的传承，又是对家庭和儿童安全的一种象征性守护。

2010 年初，绥德县委、县政府启动了"中国·绥德黄土文化风情园"（图 1-38）项目。绥德黄土文化风情园位于龙湾生态区腹地，与绥德老县城隔河相望，旨在将龙湾生态区建成全面展示陕北独特文化的旅游文化景区。

黄土文化风情园以黄土景观为载体，以人文历史和民俗风情为核心，凝聚特色的历史民俗文化，创造绥德文化的"城市客厅"，展示黄土高原的风土人情。园区按照"一线两翼五区二十八景"进行整体规划设计。石魂广场是景区的标识和门户，其集绥德民间艺术的精华，融入绥德石雕、牌楼、窑洞等元素，以当地石头为材料，建造出气势恢宏的石狮阵容，体现了绥德民间艺术的本土性、地域性和唯一性。

绥德石狮在当地石雕艺术中占有特殊地位，其摒弃了传统石狮的狰狞形象，展现出一种源自黄土文化的原始和纯朴气质。这些石狮子既威严又从容，表现出谦恭和友善的特质，蕴含着石匠们的美好祝愿。绥德的石匠们赋予了石狮子以"灵性"和"生命"，这些石狮子不仅是艺术作品，更是一种传承和一种文化的表达。

图 1-38　中国·绥德黄土文化风情园

　　绥德名州镇石雕和门墩雕刻体现了陕北地区石雕艺术的独特魅力。这些作品不仅造型独特，还具有深刻的意义。名州石雕和门墩雕刻描绘的通常是历史故事、神话传说或各类象征图案，这些作品在技艺和艺术风格上展现出了陕北雕刻艺术的独特性。名州石牌楼如图 1-39 所示。

图 1-39　绥德名州镇石牌楼

　　（4）榆林清涧石板画

　　榆林清涧县位于梁峁地形显著的地区，河谷深切，基岩多处裸露，地表石板层次分明，形态似展开的书页。根据《清涧县志》的记载，清涧石板闻名遐迩，为本县一宝。早在商代，先民就用其雕刻人像。至东汉，民间艺人在宽大的石上板创造出瑰丽的图画。清涧石板表面平整，薄厚均匀，结构细密，质地坚硬，色泽多样，用其制作的石板画被广泛应用于街景建筑、文化走廊、旅游景点等，也被很多人作为礼品馈赠他人或作为爱好收藏。石板画是清涧县名副其实的文化名片（图 1-40）。

图 1-40 清涧县石板画《撒麦地》

清涧石板的发现与使用历史已超过 3000 年，主要可分为自然层石型与巨形荒石型两种。前者结构较为疏松，对风化雨蚀的抵抗力较弱；后者结构更为致密，硬度高，耐用性强，因此被广泛使用。清涧县的石材资源丰富，尤其是在黄河、无定河、清涧河流域内，硬石覆盖面积约 58 平方千米，平均厚度达 10 米，总储量约为 5.8 亿立方米。传统的清涧石板主要由地壳中均匀、平展的岩层自然形成，经过人工挖掘和规格化处理后形成成品。为了将石材资源转变为县域经济的新增长点，当地政府将石材开发纳入重点建设项目，进行了系统的资源勘探、产业规划和主体扶持，并制定了行为规范和市场拓展策略。此外，政府还推动了石材资源的集中开采、加工修饰和品牌销售，旨在通过科技投入和市场扩展，促使石材产业成为推动县域经济发展的重要产业之一。

3. 榆林民间绘画

榆林绥德民间壁画在 2013 年 4 月被榆林市人民政府公布为市级第三批非物质文化遗产代表性项目，代表性传承人有马东科、郝岳文等。绥德民间壁画主要是家居炕围画（图 1-41）、庙宇壁画和柜箱画等。庙宇壁画与绥德民间泥塑并存于绥德民间庙宇中，陕北人对它们有着较高的敬畏感。

图 1-41　榆林绥德民间家居炕围画（参观绥德县文化馆并摄影）

绥德民间壁画至今已有数千年的历史，它起源于人类对四壁和空间的艺术改造，反映了人类对自然界的自发认识和人类的早期生产、生活劳动状况。它在秦汉和魏晋时期繁荣，唐代兴盛，宋代以后衰落，改革开放以后又得到恢复和发展，是反映当地历史、文化、民俗风情的画卷。

4. 榆林泥塑

泥塑是对原始艺术的延续，其在榆林地区拥有悠久的历史和深厚的文化底蕴，是该地区民间艺术的重要组成部分。

榆林地区的泥塑艺术以泥土为主要材料，民间艺人通过手工技艺用泥土塑造出各种人物、动物和日常生活场景等。这种传统的制作方法要求民间艺人不仅要有高超的手工技艺，还要对所塑造的对象有深刻的理解。手工塑造的过程不仅是形态创造过程，更是对情感和故事的传达。榆林地区的泥塑艺术既保留了传统制作技艺，又融入了现代审美观念。这种艺术形式的发展是传统与现代的完美结合，形成了具有鲜明地方特色的艺术风格。市级泥塑传承人王文瑜则通过泥塑作品（图 1-42），将陕北乡村生活的场景如缯罗子、纺线线、剪窗花、捏面花等真实地表现出来，带给人们一种原生态乡村生活的质朴、祥和之感，唤醒了人们对村庄的记忆。现代元素的加入使泥塑作品在表现手法和主题内容上更加多元和丰富，更符合现代人的审美需求，这也是对文化的传承和艺术的创新。榆林地区的泥塑作品不仅是艺术欣赏的对象，也是研究当地民俗文化的重要物质资料。这些泥塑作品在形式和内容上反映了榆林地区的民间信仰、社会习俗，为人们了解和研究当地的历史文化提供了直观的资料。

图 1-42 绥德王文瑜乡村场景泥塑作品

米脂泥娃娃（图 1-43）是米脂泥玩具的总称，从清朝末年一直流传至今。其品种有泥娃娃、泥马马、泥老虎、泥猴猴、泥公鸡、泥狮狮等十余种。这种粗犷、质朴、黄土味十足的泥玩具不仅好看，而且都安有哨子，可以吹响，因此很受群众特别是儿童的欢迎。

图 1-43 米脂泥娃娃

5. 榆林剪纸

榆林剪纸（图 1-44）在陕北剪纸中占据着独特而重要的地位。榆林剪纸艺术风格的多样性反映了该地区文化传统的丰富性和地理环境的多元性。榆林剪纸大致可以划分为三个主要流派。

图 1-44　榆林绥德剪纸——窗花

　　绥德、米脂和吴堡南部地区剪纸的艺术风格深受汉画像石的影响,展现出一种古朴的特征。这些地区的剪纸作品体现出了黄土高原粗犷的气质,民间艺人以其生动和粗犷有力的表现手法,捕捉到了当地的自然环境特点和人文气息。

　　神木和府谷北部地区的剪纸受边塞草原文化的影响,呈现出浑厚圆润、潇洒自由的艺术风格。这些作品造型夸张,常以金银箔和色纸为衬托,既增加了作品的神秘感和华丽感,又反映出当地民众受宗教文化的深刻影响。

　　西部三边(定边、靖边、安边)的剪纸,以其小巧玲珑和精细剪工而著称。这些作品的造型写实,线条细长,装饰多采用对称图案,成功地将简洁生动的剪纸艺术与现实生活紧密结合,形成了具有当地特色的艺术风格。三边剪纸的技艺精细,体现了剪纸民间艺人高超的手工技能和对细节的精准把握。这种艺术形式要求民间艺人不仅要具备高超的剪裁技术,还要对图案的布局和设计有深刻的理解。每一幅作品都是对剪纸艺术传统的传承。榆林地区的剪纸艺术还在传统的基础上不断进行创新,形成了自己独特的风格。这种风格的形成既受到了传统文化的影响,又反映了当代民间艺人对于艺术表现的新探索。这种融合传统与现代的艺术风格使榆林剪纸在众多剪纸风格中独树一帜。剪纸作品的题材丰富多样,涵盖了民间传说、自然景观和日常生活等方面。这些题材不仅体现了陕北地区人们的生活方式和文化传统，还体现了民间艺人对生活的观察和思考。通过这些剪纸作品，人们可以深入了解陕北地区的社会风貌和文化特色。

榆林剪纸多样化的艺术风格不仅体现了榆林地区丰富的文化内涵，还为研究和传承我国民间剪纸艺术提供了宝贵的实例。榆林剪纸的这些独特风格共同构成了该地区独有的文化艺术景观，反映了榆林人民的生活习俗、宗教信仰和审美情趣。这种艺术品不仅在当地社区中作为装饰品使用，还在节日和庆典活动中承载着驱邪祈福的文化功能。

陕北榆林剪纸艺术在继承传统民间艺术造型特征的同时，展现出独特的地域文化风格。这种艺术形式特点鲜明，呈现出淳朴豪放、粗犷明朗的艺术风格。陕北剪纸不仅是一种视觉艺术的表达，更深层次地反映了陕北人民对美好生活的向往和对未来的祝福。这种艺术形式中洋溢着对理想的热情追寻，表现了陕北人民对生活的积极态度和对生命的敬畏。陕北剪纸作为一种重要的民间艺术形式，不仅在美学上具有独特价值，还在文化传承和社会心理层面上有着重要的意义。它不仅描绘了陕北地区的自然风光和人文景观，还映射出当地居民的心理状态和当地的文化特性。通过这种艺术形式，我们可以窥见陕北人民的生活方式、价值观念和精神追求，找到研究陕北地区文化和社会状况的一个重要突破口。

6. 榆林刺绣

横山刺绣（图1-45）是榆林地区传统刺绣艺术的重要代表，其在传统的基础上进行了创新和发展。这种刺绣技艺的传承和创新体现在对传统图案的再现与改良上，以及对刺绣手法和材料的探索上。民间艺人在保持传统刺绣技艺精髓的同时，引入新的设计理念和制作方法，赋予了作品更多现代元素和审美价值。横山刺绣种类丰富，涵盖了服饰、家居用品、艺术装饰等多个领域。无论是精致的服装刺绣，还是雅致的家居用品，都满足了人们日常生活的需求，并展现了其独特的美学价值。

图 1-45　横山刺绣鞋垫

　　横山刺绣不仅是对陕北地区民间文化的一种记录和体现，还是对传统手工艺技术的保护和发展。横山刺绣是研究陕北民间文化和手工艺技术的重要资料。通过对横山刺绣的研究，人们可以深入了解陕北地区的社会历史、民俗习惯和文化特征。

　　7. 榆林面花

　　榆林和延安两地人过清明节有个风俗就是蒸"子推馍"（图 1-46）、做面花。清明节前一天为寒食节，寒食节不准动烟火，只能吃冷食凉菜，以纪念春秋时期晋国贵族介子推。"子推馍"又称"老馍馍"，类似古代武将的头盔，重 250—500 克，里面包鸡蛋或红枣，上面有顶子，顶子四周贴面花。面花是面塑的小馍，形状有燕、虫、蛇、兔或文房四宝等。圆形的"子推馍"是专给男人们吃的。已婚妇女吃条形的"梭子馍"，未婚姑娘则吃"抓髻馍"。孩子们吃燕、蛇、兔、虎等面花。"大老虎"专给男孩子吃，也最受他们欢迎。当地人会用杜梨树枝或细麻线将各种小面花穿起来，吊在窑洞顶上或挂到窗框旁边，让孩子们慢慢吃。风干的面花能保存到第二年的清明节。

图 1-46　榆林"子推馍"

榆林子洲面花（图 1-47）不仅仅是用来祭祀介子推的，实际上，在子洲人的生活中，面花无处不在。小孩出生捏个面花祝愿孩子健康成长；娶亲也需要捏面花，以祝福小两口甜甜蜜蜜；老人过寿，面花更是不可缺少。

图 1-47　子洲面花

8. 榆林柳编

柳编的历史可追溯到旧石器时代早期，原始人在采集作物的过程中，采用有韧性的植物制作出不同类型的柳编产品。从奴隶社会到战国时期，柳编产品在人们生活中普遍使用，历经各个朝代，成为人们日常生活中不可缺少的生活器具之一。榆阳柳编（图 1-48）、绥德柳编（图 1-49）、靖边柳编等为榆林柳编的重要代表。榆阳的柳编制品颇负盛名，用料考究，工艺精细，具有浓郁的地方特色，是榆阳区的一项传统手工技艺。柳编制品既具有实用价值，又可做装饰品。柳编制品是陕北人至今仍离不开的生活器物，其承载了一代又一代陕北人的美好记忆。

绥德寨山柳编技艺于2011年6月被陕西省人民政府公布为省级第三批非物质文化遗产代表性项目。寨山柳编已有300多年的历史，经过几百年、十几代人的编制实践，形成了独特的风格和显著的特征。寨山柳编采用家承祖传的传艺方式，男女老幼均可参与制作，其具有就地取材、易学易编、低成本、高利润的特点。

柳编制品的主要原料有雾柳、柳椽、红沙柳、麻线。寨山柳编种类繁多，有四五十种。柳编制品从器形上划分，有簸萝、簸箕、桶类、篓类、篮类五大类；从用途上划分，有生产工具和生活器具两大类。寨山柳编制品不仅是形状多样的生产工具和生活器具，也是精美别致的手工艺品。

图1-48　榆阳柳编

图1-49　绥德寨山柳编（参观绥德县文化馆并摄影）

9. 榆林庄园

榆林地区庄园较多，较为典型的有姜氏庄园、马氏庄园、常氏庄园、党氏庄园等。杨家沟村位于陕西省榆林市米脂县城东南 20 千米处，距镇政府所在地何家岔 5 千米。清乾隆年间，马氏家族迁居这里，清同治年间开始在西山上营造扶风寨，私宅的建筑形式是窑洞式四合院。19 世纪中叶，杨家沟村成为陕北地区最大的地主集团马氏的庄园（图 1-50）。杨家沟是中共转战陕北取得胜利的标志点，是中央机关离开陕北走向全国胜利的出发点，在中共党史和中国革命史上占有重要地位。杨家沟革命旧址是陕西省爱国主义教育基地和影视拍摄基地。

图 1-50　榆林市米脂县杨家沟马氏庄园

米脂刘家峁姜氏庄园占地 40 亩，由院前、中院、上院、下院四部分组成（图 1-51）。主体建筑为陕西地区最高等级的"明五暗四六厢窑"式窑洞院落。庄园三院以暗道相通，四周寨墙高耸，对内相互通联，对外严于防患，整个建筑设计奇妙，工艺精湛，布局合理，浑然一体，是全国最大的城堡式窑洞庄园，也是汉民族建筑的瑰宝之一。

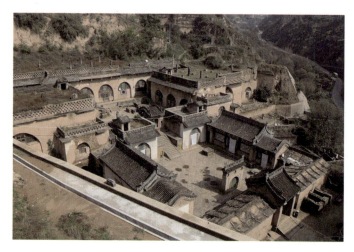

图 1-51　榆林市米脂县姜氏庄园

　　米脂常氏庄园（图 1-52）位于米脂县城北 12 千米处的高庙山村，由三个大型窑洞宅院组成，即由庄园主人常维新的三子常均和四子常俊继承的中心宅院、由其长子常英继承的后山窑洞宅院及由其次子常耀和五子常杰继承的东侧窑洞宅院。清光绪三十四年（1908 年），常维新仿刘家峁姜氏庄园兴工，后由四子常俊修毕。2007 年 6 月其被公布为榆林市第一批市级文物保护单位，2008 年 9 月 16 日其被公布为陕西省第五批省重点文物保护单位。2019 年 10 月 7 日，米脂常氏庄园入选第八批全国重点文物保护单位名单。

　　常氏庄园的中心宅院由下院和上院两套四合院组成，上下院建筑组团，两侧对称，建有长排窑洞，横向展开。大门前用块石帮畔，左右两端设拱形洞门，沿坡而入。大门柱梁枋檩起架，为五脊六兽硬山顶，青瓦覆顶，勾头滴水，墀头水磨砖砌，鼓面浮雕"麒麟送子"，鼓帮双狮嬉戏。下院两旁建对称倒座厅房、耳房，两侧圆门内设碾磨院，东侧圆门内设驴棚马圈及厕所。

　　登台阶经二门直抵上院，正面一线为坐北向南五孔石窑，穿廊虎抱，高门亮窗。正窑两侧配双窑暗院，主院两侧各排列厢窑三孔，是典型的"明五暗四六厢窑"。上、下院间的垂花门为卷棚式，双层屏门，平日前开内闭，人行两边，避开主宅直冲大门。门侧前壁砖雕松鹤竹鹿、惠草祥云。

　　位于庄园中心宅院后山的窑洞宅院是典型的"明五暗四六厢窑"大型窑洞院落，正面五孔拱形窑洞，两侧对置六孔厢窑，整体保存状况良好。庄园的另一大型窑洞院落位于中心宅院后侧，该处宅院由上部大型"明五暗四六

厢窑"院落和下部一线排开的七孔窑洞院落两个院落组成，形成相对封闭的
大型窑洞宅院，保存状况良好。

　　整个庄园与山峁沟坡融为一体，建筑依山造势，分台而筑，设计精巧，
砖、石、木雕工艺精湛，堪称陕北窑洞四合院建筑的典范，对研究陕北民居、
民俗、民间艺术有着重大价值。

图 1-52　榆林市米脂县常氏庄园

　　榆林市绥德县党氏庄园（图 1-53）是全国重点文物保护单位，位于绥德
县贺家石村。从明朝晚期至民国年间党氏家族在这里先后修筑了七十二座以
窑洞为主要建筑的宅院，因属党氏大家族，七十二座宅院相互连通成为党氏
庄园。此庄园从清嘉庆年间四世党盛荣起，经五世阳字辈大兴土木，历经六
辈人的逐步完善，历时近百年，终于竣工。党氏庄园是典型的陕北大户民宅，
窑洞建筑错落有致地分布于山坡之上。各院相对独立却互相连通，每个院落
棱门院墙、穿廊挑石，院内正面石窑、左右厢房、倒座马棚、碾磨俱全。大
门、内外影壁、厢房、门窗上配有精美的石雕、砖雕和木雕。整个庄园功能
完整，山上有庙宇，沟里有水井，自成体系。时过境迁，现在这里的党氏后
人早已不是钟鸣鼎食之家，而是过着陕北农民寻常的平淡生活。剩下的十几
个院落多已破败，少有人居住。

图 1-53　榆林市绥德县党氏庄园

榆林地区的汉画像石、雕刻、泥塑、剪纸和刺绣等民间艺术形式，代表了陕北地区深厚的文化底蕴和悠久的艺术传统。这些艺术作品不仅是艺术创作的成果，还是传承和弘扬传统文化的重要方式。通过对这些艺术形式的保护和研究，人们可以进一步理解和发展陕北地区的文化艺术，促进当地文化产业的繁荣发展。

陕北因历史与地理因素成为我国传统农耕文化和草原文化交融之地，兼具两者文化的精髓。黄土高原独特的地理因素决定了陕北农牧业发展缓慢，陕北生产活动皆以村庄宗族为主。在相对封闭的发展环境中，陕北保护了传统民间剪纸的古朴与稚拙。陕北民间美术有以延安市和榆林市为代表的两大民间美术中心。每个地区的民间美术都有其独特的风格和表现形式。延安地区的民俗画通常以反映社会历史和红色文化为主，其艺术作品多描绘历史事件和革命英雄人物，强调对历史和革命传统的传承。榆林地区的美术作品主要以体现边塞文化为主，更侧重于展示当地的自然风光和民间生活，如农耕、婚嫁、节庆等场景，以表达对生活的热爱和对传统文化的尊重。

二、陕北民间美术的形式特征

早期的图腾文化、生命信仰、生殖崇拜观念等文化信息是陕北民间美术的文化根基。这种民族文化的根使陕北民间剪纸从远古走来，并在代代相传中积淀为一种约定俗成的民俗文化符号，传达着陕北人民的祈盼与信仰及善与美和谐统一的审美理想。陕北民间艺人是现实生活的重要参与者，他们对生活充满信心，并遵循理想与现实相统一的原则，创作出了具有鲜明特点的陕北民间美术作品。

（一）象征寓意

象征手法的运用既是创作者对现实生活的深刻反思，又是对受众心灵的触动和启迪。它使艺术作品不是停留在形式的表达上，而是成为传递深层文化和情感的载体，它可以赋予作品更加丰富和深刻的寓意。传统民俗观认为，鸡、鱼代表着天地交合，陕北剪纸艺术中也有"鸡衔鱼"的纹饰。在黄土高原民众的传统观念中，鸡属鸟，属天，鱼属地，鱼与不同的事物结合时，它的阴阳属性是可以变换的。在"鱼戏莲"中，鱼是阳性的，在"鸡衔鱼"中，鱼又是阴性的，"鸡衔鱼"寓意天地交合，子孙繁衍。如高如兰的剪纸《抓髻娃娃》（图1-54）表达了民间朴素的天人合一的观念，一手抓鸡（阳），鸡象征鸟、天，一手抓兔（阴），兔是地上跑的动物，象征地，此作品表达了天地人交融的传统观念。蕴含在作品中的象征意义可以使作品既具有美感又富有哲理，使作品具有更广阔的解读空间和更深远的影响力。

图 1-54　高如兰剪纸《抓髻娃娃》

（二）比拟借喻

比拟借喻的手法不仅可以体现创作者对自然界生灵的拟人化处理技巧，还可以体现他们丰富的想象力。如安塞白凤莲的作品《鱼戏莲》（图1-55），"鱼戏莲，鱼儿戏莲花，两口子好缘法"，鱼儿喻指男子，莲喻指女子，表达了生殖繁衍的美好愿望。通过将自然界中的生物与其他物象相比拟，陕北民间艺人创造了一种新的视觉和意义联系，使作品既具有美感又富有哲理。借喻手法的运用体现了民间艺人对自然界细致的观察与深刻的理解，以及他们在艺术创作中寻求与自然和谐共生的愿望，同时增加了作品的文化内涵和审美价值，使之成为传递文化精神和审美追求的重要载体。

图 1-55 安塞白凤莲《鱼戏莲》

（三）程式符号

陕北民间美术中程式符号的运用是民间艺术家对复杂现象进行理解和归纳的一种具体表现形式。陕北剪纸融合了原始巫图文化和农耕文化。在原始社会时期，人们对神灵和自然的崇拜形成了原始神秘文化，包括巫术、民间信仰和图腾文化。图腾文化表现在剪纸、装饰等视觉艺术上，成为具有地域特色的艺术表现形式。太极图或在陕北民间流传的"阴阳鱼"（图 1-56），便是这一手法应用的杰出例证。"阴阳鱼"通过简洁而富有深意的符号，表达了阴阳相生相克的哲理，体现了民间艺人对自然界和宇宙原理的深刻理解。民间艺人认同并且传承着这些文化和文化背后的人文情怀、民俗规矩，表达着对生命和繁殖的美好愿望。如剪纸艺术创作中传承了代表阴性的水纹、莲花纹、蛙纹、兔子纹、鱼纹和花瓶纹，代表阳性的鹰纹、雕纹、云钩子纹和龙蛇纹等。这些都是传统剪纸中的纹样，有着特定的符号意蕴，能够引起创作者的普遍共鸣。陕北民间美术中的云钩子纹、水纹、花草纹等元素采用了程式化的手法进行表现。这些经过艺术化处理的符号不仅具有较高的识别性，还富有深厚的文化内涵和象征意义。通过程式化的手法，民间艺人可以将看似无规律、抽象的事物转化为具体的形象，这样不仅使作品具有较强的视觉冲击力，还使其承载了丰富的文化信息。这种手法的应用，不仅体现了民间艺人对传统文化的继承和发扬，还体现了他们在艺术表达上的创新和探索，为民间艺术的传承与发展贡献了独特的力量。

图 1-56　剪纸《阴阳鱼》

（四）典型夸张

"典型夸张"在人物描绘上表现得尤为突出。陕北民间艺人往往不是简单地再现现实生活中的具体形象，而是通过提炼和强调人物的外部特征与精神状态，对其进行理想化、典型化的处理。这种手法旨在通过艺术的表现形式，体现更加普遍和深刻的真理及美学价值。例如，王兰畔剪制的《七脚八手》（图 1-57），她通过夸张的手法更加强烈和直接地表现了作品的主题和要表达的情感，使作品中的形象更加鲜明，让人记忆深刻。《七脚八手》展示了忙碌或者多人协作的场景。这件作品通过对称或非对称的布局，展现了人物、动物或抽象图形的复杂交织，体现了剪纸艺术的独特魅力和文化内涵。这种手法的运用，不仅体现了艺术家对现实的洞察和超越，还展现了他们在艺术创作中对美的追求。

图 1-57　洛川县剪纸王兰畔《七脚八手》

（五）面面俱到

"面面俱到"在美术作品的平面和立体造型中均有应用，其特点在于打破时间和空间的限制，多角度、多层次、多瞬间地刻画作品。这种手法通过在一个形象的侧面轮廓中加入其他角度的元素，如张林召在进行人物创作时常在一侧轮廓中添加两只眼睛（图 1-58），将五官刻画在以菱形为界的两个面上，使观者从不同方向观看时都能看到完整的形象。这不仅是一种追求完美的体现，还是对视觉角度限制的一种突破，为观者提供了一种多维度的视觉体验。安塞剪纸市级传承人韩树爱在接受采访时说："剪侧面时，剪一只眼睛总是觉得不好看，缺点儿啥，所以，我就把两只眼睛都剪出来，就是求全、求圆满、求个好生活。"这种手法的应用充分体现了民间艺人在形象构建和视觉表现上的创新尝试。民间艺人通过对形象多角度和多层次的处理，赋予了作品更广阔的解读空间，从而增强了艺术作品的表现力和吸引力。

图 1-58　张林召剪纸《老汉》

（六）信天游式

"信天游式"手法被理解为一种围绕画面主要形象进行的意识流动表达方式。在运用这种手法时，陕北民间艺人并不预先强调设计和规划的过程，而是直接确定画面中主要形象的位置，随后根据个人的想象和意识流动自由地展开与主要形象相关的联想。这种手法往往导致主要形象在画面中占据较大的空间，而其他形象所占的空间则相对较小。这种方式不仅在平面处理上突出了主次关系，还在空间感的构建上提供了暗示。马秀英的农民画作品《碾场》（图1-59）便是运用这种手法创作的，其通过这种独特的表达方式，成功地营造了一种自由流动的艺术氛围，这也体现了画面布局和形象处理的高度自由。

图 1-59　洛川县马秀英农民画《碾场》

（七）因材构思

"因材构思"强调的是创作者在面对材料时的一种深度思考与探索精神。民间艺人常常对一些看似日常、不起眼的物件，如不规则形状的纸张、布片等进行长时间的审视，以发现该物件可以被艺术性转化和利用的可能性。这种方法论背后的哲学是一种对材料本质的深刻理解和尊重，该方法论认为每一种材料都蕴含着特定的美学价值和创作潜力，等待着被发掘。王兰畔的《治水图》（图1-60）就是一个典型例证。该作品通过对剪裁后剩余纸片的即兴利用，体现了资源的再利用价值，也展示了艺术创作中的灵活性和创新性。这些作品证明了"因材构思"不仅是一种物质层面的创作策略，还是一种深层次的艺术哲学。"因材构思"有利于创作者打破传统材料和技法的限制，探索更广阔的创作空间。

图 1-60 洛川县王兰畔的剪纸《治水图》

（八）舍表求里

"舍表求里"旨在透过事物的表面，探索其背后隐藏的内部形象，从而揭示更加深刻的道理。民间艺人可以通过对事物内部细节的表现来丰富作品的内涵。如张林召的剪纸作品《烧火蒸馍》（图 1-61）中剪出了蒸锅里的馍馍、手拉风箱的拉杆、挡风隔板等风箱内部构件，这样不仅丰富了作品的内容层次，也增强了其表现力。安塞高金爱的剪纸作品《艾虎怀了三个娃》（图 1-62）也运用了这种表现手法。这种手法的运用可以促使观众重新思考平常事物的复杂性和多维性。它强调的是对于看不见的、内在世界的追求和表达，即通过创作者的独特视角和创造力，揭露物象背后的故事和意义。通过欣赏运用"舍表求里"创作手法的作品，观众可以发现那些在日常生活中可能被忽视的美，从而拓展了其艺术欣赏的维度。

图 1-61 张林召的剪纸《烧火蒸馍》

图 1-62　安塞区高金爱的剪纸《艾虎怀了三个娃》

（九）聚散为整

"聚散为整"的艺术创作手法在民间美术创作中占有重要地位，特别是在剪纸艺术中表现得尤为明显。运用这种方法需要先剪制各式各样的独立形象，随后依据创作者的创作构思将这些单一元素组合起来。在组合的过程中，创作者需要根据画面的整体需求和美学目标，对各元素进行筛选和调整，使相同的元素在不同的组合下能展现出不同的画面效果。陕北地区普遍存在的窑顶花、剪纸炕围等，都是运用此种手法创作的。通过这种独特的创作手法，创作者能够在有限的元素中探索无限组合的可能性，从而创作出丰富多彩、意义深远的艺术作品。这样不仅可以体现创作者对传统材料和技法的深刻理解，还可以展示他们在艺术创作中追求美学多样性和深层意义的能力。

陕北民间美术具有典型性意义的两大民俗文化主题是神灵崇拜和生命与繁衍，这两大民俗文化主题映射出陕北人民祈福、祈寿、祈禄的美好向往与追求，蕴含着陕北人民在与自然和谐共生、感悟人生哲学等方面的价值理念。陕北民间美术作为民俗文化符号已经成为陕北黄土文化传承与发展的有效载体，它独特的艺术表达方式使民俗文化的传承具有符号性、喻义性、特指性、浪漫性等特征。正是这些重要特征在生活中的延续，为我们研究陕北民间美术提供了广阔的空间和独特的视角。

第三节　陕北民间美术的文化内涵及价值

陕北民间美术根植于我国黄河流域的深厚文化土壤之中。黄河流域不仅是中华民族的发祥地之一，也是许多历史文化遗产的所在地。黄河流域见证了我国历代的发展，这片土地自古以来便是汉民族在北部边陲的重要防御地，同时是丝绸之路的关键地点，曾经见证了不同历史时期文化的繁荣与昌盛。从仰韶文化、龙山文化到商周文化，再到汉墓群，魏、唐、宋、元、明等朝代的石窟艺术，陕北地区的文化遗产非常丰富，为陕北民间艺术提供了独特的成长环境。

一、陕北民间美术的文化内涵

（一）生命与繁衍

中华民族的本原文化是中华民族精神的内核和生活哲学，包括"天人合一""阴阳相合"等命题。陕北艰苦的自然生存环境促进了陕北人民对生命的珍爱与敬畏。陕北人民对生命本体、生命活力执着的追求，体现了陕北人民顽强的生存能力。陕北民间美术是黄土高原文化孕育的民间艺术，是陕北人民表达对生命信仰、生殖文化的敬仰的有效载体，像"鱼戏莲""双鱼纹"和"盛碗鱼"这样的作品，不仅象征着对生命的崇拜，也有着丰富的生殖文化内涵。陕北人结婚时要在窗户、墙围、顶棚贴上"鱼戏莲""蛇盘兔""鹰踏兔""抓髻娃娃"的剪纸，寄托他们盼望子孙兴旺、多子多福的愿望。早在氏族社会，陕北人的祖先就希望能够像鱼一样拥有强大的生殖能力，所以在陕北剪纸中，鱼的各种造型大量出现，表明了陕北人民对女性生殖功能的崇拜，体现了陕北民俗文化中生命与繁衍的基本文化内涵。

（二）图腾与农耕

陕北民间美术融合了原始巫图文化和农耕文化。在原始社会时期，人们对神灵和自然的崇拜形成了原始神秘文化，包括巫术、民间信仰和图腾文化。图腾纹样用在剪纸、装饰等视觉艺术上，成为具有地域特色的艺术表现形式。陕北这片黄土地上的民众传承了祖辈们的原始神秘文化，他们带着强烈的农耕习俗，形成了自给自足、天赐自得的图腾文化，并运用剪纸这种独特的民俗文化符号传承至今。我们在民间美术作品中经常可以看到耕作、收获等农业劳动场景，以及与农业生产相关的工具和习俗。这些艺术作品不仅展现了陕北人民与自然和谐共处的生活方式，也表达了他们对自然环境的依赖和敬畏。

（三）现实与理想

陕北地处黄土高原，自然条件较为艰苦，经常遭受旱灾、沙尘暴等自然灾害的侵袭。在如此艰苦的环境中，陕北人民仍然保持乐观，有着靠自己的双手创造美好生活的憧憬和追求，可见陕北人民面对苦难时的坚韧和不屈。陕北民间美术常常以其粗犷、朴实无华的风格展现出陕北地区的自然环境和社会生活。陕北民间艺人往往在展示现实生活的同时运用理想化的表现手法，描绘出和谐美满的世界，如人与人之间友善相处、自然与社会和谐发展等。陕北民间美术中的许多神话故事、传说和象征元素，也是理想信念的一种体现。这些内容不仅富有浓郁的民族特色，还蕴含着深刻的哲理，比如正义必胜、善恶有报等主题，体现了人们对道德和社会正义的期待。

（四）伦理与孝道

陕北民间美术以剪纸、绘画、雕塑等形式呈现，主要描绘家庭生活场景、节日庆典和传统仪式等。在孝道的表现上，陕北民间美术更加形象和生动。孝道作为儒家伦理的核心，强调子女对父母的尊敬与照顾。

陕北民间美术是我国传统文化的重要组成部分，传统伦理孝道是其文化核心。这种艺术形式反映了我国传统的伦理观念，并通过其独特的艺术手法，传递了对家庭和社会关系的深刻理解。在这种艺术形式中，家庭成员间的互助与和谐共处被频繁描绘，展现了家庭作为社会基本单位的和谐与美好，描绘了父母教育子女、长辈与晚辈共聚一堂的场景，强调了家庭成员间的相互尊重和责任担当。

陕北民间美术中的伦理文化内涵还体现在对传统节庆活动和仪式的描绘上。在陕北民间美术作品中，我们常常可以看到对传统节日，如春节、中秋、丰收庆典的描绘。这些场景不仅是对传统文化的记录，更是对乡土生活的怀念和对传统价值观的传承。在这些节庆活动中，陕北民间美术是连接过去和现在、传承传统文化的桥梁。这些作品既能传递传统伦理观念，又能在一定程度上展现陕北地区社会历史的发展。陕北民间美术作品通过对老一辈人的生活方式、家庭关系和邻里交往的描绘，反映了传统社会的伦理观念，揭示了这些传统观念在现代社会中的演变规律。

（五）表意与装饰

陕北民间美术作品通过丰富的象征性图案和装饰元素展现了传统文化深厚的文化内涵。在陕北民间美术中，动植物图案、神话故事和吉祥图腾等元素的广泛使用使作品成为传承传统文化价值和社会信仰的重要媒介。

水、莲花、蛙、兔子、绣球、牡丹和花瓶代表的是阴性，鸡、猴、鹰、狮子、龙蛇和石榴代表的是阳性。在陕北剪纸里，蛇盘九颗蛋、佛手、桃子、石榴这些纹样在喜花里也常剪，佛手陕北人常叫福，桃子是长寿的意思，石榴的籽多象征着多子多福，这三种吉祥纹样代表着多福多寿、多子，并且这些表意特征都是代代相传的。

陕北人民结婚时通常会剪喜花。"鹰踏兔，喜气盈门户"，鹰是阳性，代表男子，兔是阴性，代表女子，这是阴阳相合的意思。"抓髻娃娃"，娃娃一手抓鸡，鸡代表阳性，象征着鸟、天，一手抓兔，兔代表阴性，是地上跑的动物，象征着地，这是天、地、人合一的意思。"蛇盘兔，必定富"，男娃属蛇，女娃属兔，结合在一起，是阴阳相合、生生不息的吉祥之意，如果结为夫妻，日子会过得美满、富裕。此类剪纸主选要用红色的纸，红色代表着吉祥、喜庆、日子红红火火。在过年、结婚的大喜日子或丰收的日子，陕北人总是在窗户、门、墙壁上贴红色的剪纸。

另外，陕北剪纸主要用红色还因为红色是中华民族认同的吉祥色彩，是源于远古时中国人对日神和火的崇拜。在陕北，红色的剪纸寓意着喜庆、红火、幸福、美满。此外，红色剪纸中搭配一些蓝色、绿色、黄色、桃红等颜色，能够产生朴素艳丽的视觉效果。

（六）物化形式文化

陕北民间美术在物化形式文化方面的独特地位，是对其文化内涵的深刻体现。陕北民间美术作品通过纸张、布料、泥土等传统材料进行艺术化表达。陕北民间美术与人们的日常生活紧密相连，既能满足人们日常生活的审美需求，也能对深厚的地域文化进行传承。

在陕北地区，传统民居和庙宇常常装饰着精美的木雕和壁画。这些装饰元素不仅是对建筑空间的美学提升，还是对文化传承和历史记忆的承载。木雕工艺精湛，多采用传统的图案，如龙凤、莲花纹、云纹等，这些图案有着吉祥的寓意，表现了手工艺人的高超技艺。壁画则通常描绘历史故事、民间传说或日常生活场景，可以为研究古代生活与文化提供实证资料。

传统的生活用品，如陶器、织物、刺绣等，都融入了丰富的民间艺术元素。这些用品既能满足人们的日常生活需求，还能对传统文化进行传承。例如，陶器上的彩绘、织物上的图案、刺绣上的图腾等，都是对传统文化的再现和传承。

陕北婚礼、节日庆典等重要场合常用民间美术作品进行装饰和传递祝福。例如，婚礼上使用的剪纸、彩绘，不仅增添了喜庆气氛，还寄托了人们对新人的美好祝愿。

陕北民间美术在物化形式文化方面的表现，不仅体现了民间艺术的实用性和装饰性，还展现了陕北地区深厚的文化底蕴和历史传统。这些物化形式的美术作品，是对陕北民间文化丰富性和多样性的最好证明，也是连接传统与现代、乡村与城市的重要桥梁。通过对这些物化形式文化的保护和传承，陕北民间美术不仅能够在当代社会中保持其独特魅力，还能为现代文化的发展提供宝贵的灵感和资源。

陕北民间美术的文化内涵是多元而深刻的。它不仅是一种艺术形式，还是一种文化传承和表达的方式，深深植根于陕北历史、社会和文化之中。通过对这些美术作品的研究，我们可以更深入地理解陕北文化及更广泛的我国传统文化。

二、陕北民间美术的价值

陕北地区的民间美术是我国丰富多彩的民间艺术宝库中的一颗璀璨明珠，它不仅体现了陕北人民的生活习俗、审美情趣和精神追求，还承载着重要的历史文化价值和经济价值。

（一）历史文化价值

1. 学术研究价值

陕北民间美术承载着重要的民族文化信息，是陕北民众生活习俗、信仰观念、审美情趣和价值取向的直接反映。陕北的剪纸、石雕、刺绣、泥塑等艺术形式，不仅展示了陕北人民的艺术创造力，还记录了这片土地上的历史变迁。从这些艺术形式上，我们可以观察到陕北人民的生活方式、社会习俗和文化价值观的演变。它们是研究陕北历史文化和民间信仰的重要资料，对促进地区文化的多样性发展具有重要意义。对于学术研究而言，陕北民间美术是一个需要深入挖掘的领域。

2. 审美艺术价值

陕北民间美术具有鲜明的地域特色，蕴含着朴素的美好愿望，包括剪纸、刺绣、泥塑、石雕等多种形式，每一种艺术形式都有其独特的表现手法和风格特点。陕北民间美术具有造型夸张、色彩鲜艳、对比强烈、构图饱满等特点，具有鲜明的地域特色和艺术创造力。比如，榆林绥德石雕，其以刚健有力、大气磅礴而著称，体现了陕北人民豪迈的性格和对美好生活的向往。随着社会的发展，人们在不断地促进陕北民间美术向着创新性的方向发展，一方面，他们保留了陕北民间美术中传统的工艺技巧和文化内涵；另一方面，他们在努力探索新的表达方式和技术手段，使陕北民间美术更加适应现代人的审美需求。这样的作品具有审美价值，是研究我国北方民间艺术风格和美学追求的宝贵资料。

3. 教育与传播价值

在传统社会中，许多民间艺术品，如剪纸、刺绣、面花、石雕等除了是生活用品外，还具有宗教信仰、节庆装饰等功能。这些艺术品在社会生活中起着传承文化、启迪教育的作用。我们对陕北民间美术作品和技艺的保护和传承，对于弘扬中华优秀传统文化、增强民族文化自信、提升国民审美素养都具有重要意义。

陕北民间美术作为一种宝贵的教学资源，在学术界和教育领域都具有独特的价值。从教学资源的角度来说，我们可以将陕北民间美术融入高校、中学、小学的课程体系中，使其成为学生学习陕北传统文化、艺术技巧及历史背景的实体材料。例如，通过分析陕北的剪纸艺术，学生不仅可以学习剪纸的具体技法，还能深入理解剪纸中蕴含的文化象征意义和社会意义。此外，陕北的泥塑和布艺也可以作为探讨我国北方农村社会结构和传统生活方式的重要资料。通过了解这些具体的艺术作品，学生能够更全面地理解我国的传统艺术与文化。

陕北民间美术可以为我们研究我国传统文化提供一个探索和实践的平台。学校可以组织学生到陕北进行现场学习，让学生直接接触当地的民间艺人，观摩艺术创作过程，甚至参与其中。这种沉浸式的学习体验可以让学生从实践中学到艺术技能，同时可以从艺人那里听到关于传统技艺背后的故事和历史，加强学生对文化遗产的认识。例如，学生在民间艺人的指导下剪纸，不仅能学到剪纸技艺，还能了解剪纸在我国文化中的地位及其在传统生活中的作用。

陕北民间美术不仅是历史文化的见证者，也是连接过去与未来的桥梁，其对于研究我国传统文化有着重要的意义。延安剪纸是一种独特的文化符号，其在国际交流活动中展示了独特魅力，提高了我国文化的国际影响力，促进了我国文化在全球的传播。此外，民俗画中的故事和象征意义也常常被用于进行道德教育和传达社会规范，对于培养公民形式良好的社会责任感具有积极作用。

（二）社会经济价值

1. 社会实用功能价值

陕北民间美术在社会生活中扮演着重要角色。它们不仅是节日庆典、婚礼、丧礼等传统活动的重要组成部分，还是日常生活中重要的装饰品。例如，剪纸常常用于窗户装饰，刺绣则广泛应用于服饰和家居用品上，这些都加强了艺术与生活的融合。

2. 经济与旅游价值

随着旅游业的发展，陕北民间美术成了重要的旅游资源之一，为当地带来了经济效益。手工艺品市场的兴起为手工艺人提供了就业机会和收入来源，提高了手工艺人的社会地位。随着人们非物质文化遗产保护意识的增强，陕北民间美术逐渐成为当地经济发展和旅游推广的重要资源。近年来，陕北地区吸引了大量国内外游客，促进了当地文化旅游业的繁荣发展，提高了陕北地区的知名度和吸引力。但陕北民间美术现阶段基本以个体经营为主，缺乏政府方面的大力支持。

3. 融合与创新开发价值

在现代社会，人们将陕北民间美术与现代设计、时尚产业等进行跨界融合，创造出既有传统韵味又符合现代审美的新产品。这种创新不仅赋予了传统艺术新的生命力，还使其在全球化的背景下得到了更广泛的传播和认可。例如，在保留传统的基础上，陕北剪纸艺人不断进行创新，将现代元素融入传统剪纸中，使剪纸作品更符合现代人的审美需求。

4. 非物质文化遗产保护价值

陕北民间美术中的各种艺术形式都被列入了国家、省、市、县级非物质文化遗产名录，得到了国家层面的保护和支持。保护这些传统技艺，可以使我们更好地传承和发展民族文化。

综上所述，陕北民间美术不仅是一种艺术形式，更是当地文化的重要载体，对于人们了解和研究我国北方地区的文化有着不可替代的作用。上述所列举的陕北民间美术中的剪纸、农民画、刺绣、面花等民间美术类型都已被列入国家级、省级、市级、县级非物质文化遗产名录，它们既是民俗文化遗产又是非物质文化遗产；陕北各处的石窟、传统村落、汉画像石、庄园也都被列入国家级、省级、市级文物保护单位，属文物遗产范畴。本研究主要从文化遗产和非物质文化遗产两部分，对陕北民间美术资源进行分析与研究，旨在寻找更利于陕北民间美术资源优化与整合的路径。

第二章 陕北民间美术的资源化综合分析

第一节 陕北民间美术的资源转化

文化资源是通过一定时间积累起来的人类精神劳动的产物，它具有较高的历史、文化艺术和科学价值，并且能够被作为生产要素投入经济生产中产出一定的产品和服务，创造出经济价值。[①] 文化资源既包括有形的文化遗产，如文物资源、古建筑、古村落等，也包括无形的非物质文化遗产，如品牌、创意等。陕北民间美术作为陕北文化的重要组成部分，具有文化价值和科学研究价值。随着社会经济的发展，陕北民间美术逐渐进入市场，并产生了一定的经济效益，从而成为能够转化为文化资源的经济要素。

陕北民间美术蕴含着中国北方民族的价值观念。这些价值观念是通过各类非物质的和物质的陕北民俗文化遗产体现出来的。陕北民间美术要转化为资源，关键是要看这些从历史继承来的观念在当代是否还有广泛的需求，是否能够作为生产、生活的精神要素被加以利用。陕北民间美术按照种类划分，一部分仍然能够作为生产、生活的精神要素被加以利用，如剪纸、泥塑、面花、刺绣等。陕北民间美术中的大部分艺术形式已经进入市场转化为美术资源，如洛川凤栖街道好音村毛麻绣、志丹金丁镇刺绣、吴起榆树坪村地毯已形成以村落为单位的制作、销售群体，但并未形成可持续发展的文化产业集群。另一部分不能够作为生产、生活的精神要素被加以利用，如擀毡、烙铁画等少部分艺术形式处于静态保护状态，未进入经济市场转化为美术资源。因此，我们需要对陕北民间美术进行分类，对于未成为美术资源的种类采取静态保护措施，对于已经成为美术资源的种类进行整合、优化，形成文化产

---

① 王晨，王媛. 文化资源学 ［M］. 北京：清华大学出版社，2021：4.

业集群，从而带动陕北乡村经济的可持续发展。

陕北民间美术资源的利用重点在于观念的资源化转化。

一是对陕北民间美术资源的继承和直接利用。有些民俗依然存在较好的民间基础。例如，春节、端午节、元宵节等都具有很好的民间基础，人们继承了庆祝这些节日的传统。将陕北民间美术呈现在一些民俗文化节庆活动中，可以丰富演艺旅游、节庆旅游的民俗形式，还可以设立陕北民间美术体验区。我们对这些陕北民间美术资源应加强原真性的保护和利用，让大众能够直接参与其中，并增强他们的民俗文化体验感。

二是对陕北民间美术资源的转化利用。即采取一定的"移植"方法对民俗文化资源加以转化利用。例如，采取博物馆保存的方法展示民俗文化，使民俗文化遗产能够在博物馆这个新的空间里与大众接触。再如，因为现在城镇居民居住环境的变化，很少在家里贴剪纸、年画，我们可以将剪纸和年画的图案"移植"到冰箱贴、手机壳等新的事物中。这些"移植"方法可以较为原汁原味地保留民俗文化本来的含义及其表现形式，是一种整体性的"移植"保护和利用方法。

三是对陕北民间美术资源的创意开发。我们可以对陕北民间美术资源加以分析和提取，采取变形、嫁接、改编、重构等艺术创意方法，运用新技术、新材料，使之与新的材料、载体、媒介相结合，创造出符合大众审美心理和消费需求的新形式、新内容和新产品。

陕北民间美术资源的转化利用主要是通过文化传承、教育普及、商业开发和国际交流等多种途径实现的。文化传承是陕北民间美术资源利用的基础。陕北的民间美术，如剪纸和泥塑，不仅是艺术作品，还承载着传统价值观和乡村记忆。通过工艺传授、技艺展示和文化节庆活动，陕北民间美术得以代代相传，成为地方文化认同的标志。教育普及也是资源利用的重要途径。学校开设相关课程，不仅可以教育年轻一代了解和欣赏我国的文化遗产，还可以激发他们对传统艺术的兴趣。商业开发是促进陕北民间美术资源充分利用的有效手段。将传统艺术融入现代产品设计，如融入家居装饰、服饰配饰等，可以拓宽市场，同时为民间手工艺人增加收入。国际交流也是资源转化的一种形式，这种形式通过展览、文化交流等方式进行转化。

第二节　陕北民间美术资源的性质

一、陕北民间美术资源的类型

陕北民间美术资源中的物质文化资源和非物质文化遗产资源是相互联系和相互促进的关系。在对陕北民间美术资源进行优化、整合的过程中，我们要充分利用陕北民间美术混合型文化资源的优势。例如，在延安革命圣地，一个历史街区文化旅游地会有很多革命旧址、名人故居等，同时流传着许多革命英烈的故事；在特定的节日，如春节、元宵节，古街区还会举行各类民俗活动等。延安不同类型的文化资源都在一个历史古街中，这就构成了一个完整的文化集群，这个文化集群就是混合型文化资源。混合型文化资源不是将多种类型的文化资源进行简单叠加，而是要进行有机融合。

二、陕北民间美术资源的特点

（一）陕北民间美术资源的精神性

陕北民间美术资源的精神性是指陕北民间艺人创造的精神财富。陕北民间美术资源的精神内容包含我们再也回不去的遥远年代的那些创造者的思想、技艺，还有属于那个年代的气质、精神和韵味。无论是安塞的农民画和剪纸，还是延川的布堆画，又或者是洛川的面花和毛麻绣，富县的熏画等，无不体现着陕北民众质朴的内心和认真的态度，无不体现着人们追求美好生活的执着之心。人们在物质条件贫乏的环境中产生了对美好生活的无限热爱与向往，并具有执着追求的精神状态，这样的精神状态也是当今人们需要的。

（二）陕北民间美术资源的时空性

陕北民间美术资源的价值是在一定时期内形成和积累起来的，代表着一定时期的文化特征，承载着特定时期的文化传统，表达着特定时期的文化价值观念。时空是流逝的，价值是变动的，时空性也预示着陕北民间美术资源本身不是一成不变的，而是变动的、发展的。时空性是指陕北民间美术资源的发展是对精神内容的不断注入，它既不是对历史的全部否定，也不是对历史的原封不动的继承。保存与改变、保护与发展之间的平衡，是文化资源时空性在每个时代都存在的统一辩证关系。

美术资源总是以一定的形式在一定空间中存在的。美术资源的保存、利用都需要考虑特定的空间因素。例如，传统手工艺会以手工艺产品的形式在民间生活空间中被使用。一定的美术资源根据其精神内容的价值形态和社会功能在特定空间关系中存在。

（三）陕北民间美术资源的耗竭性

美术资源的耗竭性通常是指资源逐步被消耗殆尽，不再具有利用价值，或者存在无法可持续加以利用的趋势。美术资源中的精神内容虽然具有非独占性和可复制性，但是一方面，精神内容需要和物质载体结合才能被认知和利用，另一方面，精神内容也有因被遗忘或者保存不善而灭失的可能性。因此，美术资源也存在耗竭的可能。美术资源耗竭可能受自然环境的侵蚀、社会环境的变化、人为的毁坏等多种因素的影响。无论何种原因，美术资源的价值都以美术遗产的完好存在为前提，美术遗产的损害和灭失，会直接威胁文化资源的可持续发展。美术资源的损耗或耗竭，可以表现出多种形式。

第一种形式是美术资源的物质载体因长期损耗而耗竭。物质载体的损耗，一般都是因为长期受各种因素的影响。如榆林庄园中的古建筑和子长钟山石窟中的雕塑受到自然环境的侵蚀就是美术资源载体损耗的表现。

第二种形式是传承者的耗竭，即非物质文化遗产传承后继无人，现有传承者老去或去世，造成非物质文化遗产失传。很多传统手工艺、传统戏曲、民间演艺等非物质文化遗产，因为不再有较大规模的观众或者大量的用户需求，难以传承下去，加之学习艰苦，学习过程长，不能短期获得收益，很少有年轻人愿意学习，这是非物质文化遗产资源失传的主要原因。

第三种形式是精神内容的耗竭，即美术资源的精神内容损耗和失传的情形。通常，美术资源所依赖的建筑石材、墙面、纸张等物质载体不会轻易消失，但是色彩、绘画等会逐步褪去和消失。例如，很多壁画因得不到较好的保护，有褪色和受损的情形。虽然传统手工技艺有很多传习者，但是很多传统技艺与绝活失传会造成非物质文化遗产在传承过程中的内容缺失和原真性不足。这就要求传承者要"原汁原味"地进行传承，并通过现代媒体技术进行数字化记录。

第四种形式是资源使用价值的耗竭，即文化遗产虽然存在，但是已经不能作为资源加以利用了。这种情况又可以分为几种不同类型：一是出于对文化遗产保护的目的，不宜再进行开发。例如，一些文化遗址如果过度地进行文化旅游开发将会面临灭失的风险，或者现有技术条件不宜进行遗址发掘，需要加强保护。二是文化历史遗迹被过度开发，导致其物质载体虽在，但是精神内容已经丧失，并且难以恢复。例如，原本以民族文化生活和习俗为特色的地区，由于过度进行商业开发，使原有居民搬离，古街被开发成商业街，老房子被改造成酒吧，建筑中的民族文化精神内容被全部置换，文化遗产已经面目全非，造成了不可恢复的致命损害。三是文化遗产中的精神内容逐步与当下的社会文化和生活习惯脱节，失去了大众需求，只能作为文化记忆的"文物标本"加以记录和保存。例如，很多地方都有长期积累的口传民间故事、文物遗址、民间工艺和民间习俗等，这些历史记忆往往不能与现代社会发展需求相适应，其受众群体日益萎缩，逐渐失去资源利用价值，只能作为文化遗产的标本加以记录和保存。

（四）陕北民间美术资源的衍生性

陕北民间美术资源的衍生性是指文化资源所包含的精神内容可以被提取、转化和反复利用，并将之与特定的物质载体和媒介相结合，形成丰富多彩的文化产品和服务。美术资源的价值衍生性，最普遍的方式是通过知识产权的授权形成文化衍生品。文化衍生品是以一项文化资产为基础，通过协议许可的方式，抽取基础文化资产的精神内容，作为另一个文化产品的重要组成部分。这一许可使用的精神内容，可以是基础文化资产的品牌、名称、形象等元素。例如，将陕北剪纸进行精致包装，放大或者缩小，形成室内摆件或者将其放置于博物馆展示，如陕北剪纸衍生品（图2-1）和陕北面花装置（图2-2），经过创意衍生的陕北剪纸、面花呈现的视觉效果极为震撼。

图 2-1　陕北剪纸衍生品

图 2-2　陕北面花装置

　　陕北民间美术资源的文创衍生品从日历到书签、笔记本、背包，以及装饰品、日用品等，种类繁多。例如，陕北各个博物馆、非遗馆向观众免费开放，博物馆、非遗馆配合展览推出非遗衍生品，并进行销售，以促进陕北民间美术的持续发展。

　　2018 年 5 月，延川盛朗针织加工有限公司与延川华彩手工艺品专业合作社联合注册了延川妇女手工艺协会，并形成了党、工、青、妇组织体系，构建了"公司＋合作社＋协会＋会员"模式的设计—生产—销售的完整体系。该协会的手工体验馆已生产出布艺、编织、刺绣、剪纸及布堆画衍生产品（图 2-3）等 64 类 600 多件产品。延川妇女手工艺协会及华彩手工艺品专业合作社肩负历史使命，以打造品牌、服务社会、建设家乡为前进目标。

图 2-3　延川华彩手工艺品专业合作社的衍生品——家用灯具

（五）陕北民间美术资源的可交易性

陕北民间美术作为一种资源具有使用价值，因而具有可交易性。陕北民间美术资源的可交易性是指其可以作为经济资源在市场上进行交易。文化遗产的需求方通过购买产权或者经营权等方式，获取文化遗产资源的投资与开发的权利。

对于不可移动和可移动的文物资源，除了可以通过拍卖和买卖的方式获得外，大部分文化遗产资源由于受到文化保护和传承政策的限制，通常以经营权利授让的方式进行交易。如一些古街、古镇、名人故居等古建筑在遵照国家文物保护法的前提下，可将其经营权售卖给私人，以鼓励个人维修、置换、购买古建筑。①

对于非物质文化遗产来说，可交易性是指传承者和非遗的生产机构可以让非遗的相关产品进入市场销售。例如，延川布堆画女性赋能项目，由康明斯（中国）投资有限公司支持，旨在通过布堆画产业的发展，促进陕西省延川县及周边地区女性经济发展，改善陕北妇女生活状况，从而促进妇女和妇女组织的持续发展。项目通过和联合国开发计划署、中国国际经济技术交流中心、上海莘昱文化发展有限公司与当地政府、妇联合作，走访延川、安塞两地，深入挖掘布堆画文化基因，寻找促进布堆画产业可持续发展的经济模式，打造"黄土高原上的补丁艺术"的文化标签，并结合陕北布堆画非遗特

---

① 王晨，王媛. 文化资源学［M］. 北京：清华大学出版社，2021：16-20.

色，打破大众对传统民俗的刻板印象，从美学传播、文化弘扬、乡村振兴三个角度促进陕北布堆画产业的可持续发展。

第三节　陕北民间美术资源的现状考察

陕北民间美术资源是指陕北地区丰富多样的、能够作为生产要素投入经济生产的、能够创造出经济价值的民间美术形式和相关的文化遗产。它属于混合型文化资源，包括物质文化遗产资源和非物质文化遗产资源。物质文化遗产资源，如石窟、庄园、古村落等；非物质文化遗产资源，如陕北民间剪纸、民间绘画、手工艺品等，这些美术资源在传统的生活实践中孕育而生，在地理、历史和文化上都具有独特性，不仅反映了陕北地区的文化和社会发展状况，还是地方文化传承和创新的重要基础，具备被开发和利用的条件。

我们主要从人力要素和文化资源两个方面分析陕北民间美术资源。人力要素主要是指从事民间艺术创作、传承和教育的艺术家、工匠和教师等。这些人不仅是技艺的传承者，还是创新和发展民间艺术的主体。他们的技能和创造力是陕北民间美术得以存续和繁荣的关键。文化资源包括陕北民间美术中所体现的文化价值和经济价值。人们通过多种途径实现资源的转化，不仅能促进地方经济的发展，还能促进文化的传承，提高国际影响力。人们通过有效的管理和采取创新策略，使美术资源为陕北地区乃至全球的文化、经济发展做出贡献。

为了进一步分析整合陕北民间美术资源，人们从陕北民间美术的外在表象、主体诉求、文化景观、人文价值等方面入手，加强对陕北民间美术研究成果的宣传、推广、开发、转化研究，让更多的陕北民间美术资源活起来、动起来，并开发出更多承载陕北文化特质的文化品牌和文旅产业，拉动文化旅游消费，构筑文化精神高地，推动以陕北文化、黄河文化为代表的中华优秀传统文化全面繁荣兴盛。

一、延安物质文化资源和非物质文化遗产的数量概况

延安市有宝塔区和安塞区，以及子长市（县级市）、延川、延长、志丹、吴起、甘泉、富县、黄陵、洛川、黄龙、宜川11个县（市）。

（一）延安市民间美术类非遗项目、代表性传承人情况

据延安市文化和旅游局统计，截至 2023 年，共有人类非物质文化遗产项目中国剪纸 1 个、国家级民间美术类非遗项目 3 个、省级民间美术类非遗项目 23 个、市级美术类非遗项目 53 个，县级美术非遗项目近百项；5 名世界级剪纸艺术大师、3 名国家级民间美术类代表性传承人、20 名省级民间美术类代表性传承人、59 名市级民间美术类代表性传承人、近千名县级民间美术类代表性传承人。（表 2-1、表 2-2）

表 2-1　延安市人类非物质文化遗产代表作

序号	项目名称	入选联合国教科文组织"人类非物质文化遗产代表作"名录时间	相关非遗项目
1	中国剪纸	2009 年	安塞剪纸 延川剪纸

表 2-2　延安市国家级民间美术非遗项目及国家级代表性传承人

序号	项目名称	批次	公布文号	代表性传承人	性别	生卒年	保护单位
1	安塞剪纸	一	国发〔2006〕18 号	李秀芳	女	1940—2016	安塞区文化文物馆
				高金爱	女	1922—2011	
2	黄陵面花	二	国发〔2008〕19 号				黄陵县非物质文化遗产办公室
3	延川剪纸	三	国发〔2011〕14 号	高凤莲	女	1936—2017	延川县非物质文化遗产保护传承服务中心

（二）延安市非遗馆、民间美术类传习所、民间美术类传承保护基地、民间美术类工坊

截至 2023 年，延安市建成延安市博物馆、延安市非遗陈列馆等 21 个综合馆、专题馆，安塞剪纸传习所等 32 个传习所，延安职业技术学院附属小学

等5个传承保护基地，延川华彩手工艺品专业合作社等11个省级非遗民间美术类工坊。（表2-3到表2-6）

表2-3 延安市非遗综合馆、主题馆一览表

序号	场馆名称	面积（m²）	地址	建筑单位	备注
1	延安市博物馆	63000	延安市新区	延安革命纪念地管理局	综合馆
2	延安文艺纪念馆	10994.2	延安市百米大道	延安革命纪念地管理局	综合馆
3	中国抗日军政大学纪念馆	1800	延安市中心街	延安革命纪念地管理局	综合馆
4	延安市非遗陈列馆	1055	延安市百米大道	延安市文化艺术中心	综合馆
5	宝塔区非遗陈列馆	200	延安市宝塔区	宝塔区文化馆	综合馆
6	安塞区非遗博物馆	3200	延安市安塞区	安塞区文化文物馆	综合馆
7	黄陵县非遗陈列馆	450	延安市黄陵县	黄陵县非物质文化遗产办公室	综合馆
8	延川县非遗陈列馆	980	延安市延川县	延川县非物质文化遗产保护传承服务中心	综合馆
9	洛川县非遗陈列馆	1300	延安市洛川县	洛川县文化馆	综合馆
10	富县非遗陈列馆	200	延安市富县	富县文化馆	综合馆
11	黄龙县非遗陈列馆	680	延安市黄龙县	黄龙县文化馆	综合馆
12	甘泉县非遗陈列馆	400	延安市甘泉县	甘泉县文化馆	综合馆
13	宜川县非遗陈列馆	100	延安市宜川县	宜川县文化馆	综合馆
14	延长县非遗陈列馆	700	延安市延长县	延长县文化馆	综合馆
15	子长市非遗陈列馆	305	延安市子长市	子长市文化馆	综合馆
16	志丹县非遗陈列馆	410	延安市志丹县	志丹县文化馆	综合馆
17	吴起县非遗陈列馆	240	延安市吴起县	吴起县文化馆	综合馆
18	建华民俗博物馆	1200	延安市安塞区	周建华	综合馆
19	延安市新区第二小学非遗馆	1500	延安市新区	延安市新区第二小学	综合馆

序号	场馆名称	面积（m²）	地址	建筑单位	备注
20	小程黄河原生态民俗文化博物馆	300	延川县乾坤湾镇	延川县乾坤湾镇政府	综合馆
21	中华始祖堂	7000	黄陵县始祖堂	延安黄帝文化园区投资建设有限责任公司	专题馆

表 2-4　延安市非遗—民间美术类传习所一览表

序号	非遗传习所名称	地址	面积（m²）
1	陕北烙画（李军明）传习所	黄蒿湾兴延小区	130
2	延安木器装饰雕刻技艺（张振海）传习所	宝塔区柳林镇高坡村	256
3	宝塔剪纸（张玉青）传习所	七里铺韩家窑子村	90
4	延安石雕（师世海）传习所	延安高新区工业大道 16 号	1200
5	安塞民间绘画（王福丽）传习所	安塞文化大楼 619 室	120
6	安塞剪纸（余琴）传习所	安塞区高桥镇南沟村	150
7	安塞剪纸（李福爱）传习所	延安杨家岭革命旧址招待所	100
8	安塞剪纸（余泽玲）传习所	安塞区老干部局旁住宅 2 单元	120
9	安塞剪纸（金延安）传习所	延安市金延安景区	150
10	子长剪纸（苏彩云）传习所	子长市秀延中学艺术楼四楼	160
11	子长剪纸（苏彩云）传习所	子长市齐家湾社区	120
12	吴起糜粘画制作技艺（王玉花）传习所	吴起将军主题公园	160
13	吴起地毯制作技艺（宗淑梅）传习所	吴起县马湾村	30
14	吴起剪纸（贾彩虹）传习所	吴起将军主题公园	180
15	志丹刺绣（张梅）传习所	志丹县桥沟沟口	24
16	延川剪纸（高凤莲）传习所	延川县文安驿镇白家塬村	1000
17	延川布堆画（冯山云）传习所	延川县大禹街道东峰社区	400
18	小程村原生态民俗文化（刘世宝）传习所	延川县延水关镇北村	100

续　表

序号	非遗传习所名称	地址	面积（m²）
19	延川布堆画（郭如林）传习所	延川县文安驿镇梁家河村	450
20	延川剪纸（贺彩莲）传习所	延川县河东街 85 号	160
21	延川剪纸（高河晓）传习所	延安枣园路君林尚苑 301	160
22	延长石板画（李春迎）传习所	延长县安沟镇阿青村	25
23	延长剪纸（刘琴）传习所	延长县陆一井社区	25
24	甘泉剪纸（高英凤）传习所	甘泉县太黄山社区	100
25	富县泥塑（王志刚）传习所	茶坊街道办川口枣林子村	1500
26	宜川剪纸（李燕燕）传习所	宜川县党湾土地局家属楼	100
27	洛川面花（屈兆宏）传习所	洛川县凤栖街道作善村	85
28	洛川毛麻绣（王桂莲）传习所	洛川凤栖街道办	125
29	黄陵剪纸（付百琴）传习所	黄陵县文化艺术中心	22
30	黄陵面花（王民政）传习所	黄陵县文化艺术中心	20
31	黄陵黑陶（张建东）传习所	黄陵县阿党镇杏树咀小组	200
32	黄龙根艺（王全喜）传习所	黄龙县麻地湾长青路二巷	200

表 2-5　延安市非遗—民间美术类传承保护基地一览表

序号	非遗传承保护基地名称	传习项目	设立时间
1	延安市新区第一小学	腰鼓、剪纸、民间绘画、民歌、说书	2022 年
2	延安市新区第二小学	腰鼓、剪纸、民间绘画、民歌、说书、泥塑	2022 年
3	延安职业技术学院附属小学	腰鼓、剪纸、民间绘画、民歌、说书	2022 年
4	延安培植中学附属小学	腰鼓、剪纸、民间绘画、民歌	2022 年
5	延安市特殊教育学校	腰鼓、剪纸、民间绘画、布堆画	2022 年

表 2-6　延安市省级非遗—民间美术类工坊一览表

序号	非遗工坊名称	设立单位	依托非遗项目
1	冯家营腰鼓千人文化村	黄土文化产业开发有限公司	安塞腰鼓、剪纸、民歌
2	延川华彩手工艺品专业合作社	延川县非物质文化遗产保护传承服务中心	延川剪纸、延川布堆画
3	延川县缺之美手工艺品专业合作社	延川县非物质文化遗产保护传承服务中心	延川剪纸、延川布堆画
4	富县黄河陶艺非遗工坊	富县黄河陶艺厂	富县泥塑
5	吴起糜粘画制作工坊	吴起县文化馆	吴起糜粘画制作技艺
6	延川县妇女文化艺术家协会	延川县妇女文化艺术家协会	延川剪纸
7	延长县巧手手农民专业合作社	延川县文化馆	延长剪纸
8	鄜州女巧手手工艺品专业合作社	富县文化和旅游局	富县剪纸、刺绣、面花
9	延川义都妇女手工艺品专业合作社	延川县文旅局	延川剪纸、延川布堆画
10	吴起地毯制作工坊	吴起县社会福利总厂	吴起地毯制作技艺
11	郭占强安塞腰鼓及制作技艺工坊	延安市宝塔区磊诺工贸有限公司	安塞腰鼓制作技艺

（三）延安市省级非遗—民间美术类传承教育实践基地、省级中小学优秀传统文化教育社会实践基地

截至 2023 年，延安市创建省级非遗—民间美术类传承教育实践基地 2 个，省级中小学优秀传统文化教育社会实践基地 8 个。（表 2-7、表 2-8）

表 2-7　延安市省级非物质文化遗产民间美术类传承教育实践基地一览表

序号	名称	类型	申报单位
1	富县泥塑	陕西省非物质文化遗产传承教育实践基地	延安市新区第二小学

序号	名称	类型	申报单位
2	陕北说书、石雕、剪纸、腰鼓、石磨豆腐、编草鞋等	陕西省非物质文化遗产传承教育实践基地	陕旅集团延安商业运营管理有限公司

表 2-8　延安市省级中小学优秀传统文化教育社会实践基地一览表

序号	名称	类型	申报单位
1	富县熏画社会实践基地	陕西省中小学优秀传统文化教育社会实践基地	富县文化馆
2	延川县高凤莲艺术馆（剪纸）传习基地	陕西省中小学优秀传统文化教育社会实践基地	延川县非物质文化遗产保护传承服务中心
3	洛川县非物质文化遗产博物馆	陕西省中小学优秀传统文化教育社会实践基地	洛川县文化馆
4	安塞区文化文物馆	陕西省中小学优秀传统文化教育社会实践基地	安塞区文化文物馆
5	宜川县博物馆	陕西省中小学优秀传统文化教育社会实践基地	宜川县博物馆
6	延安市非物质文化遗产陈列馆	陕西省中小学优秀传统文化教育社会实践基地	延安市文化艺术中心（延安市群众艺术馆）
7	洛川县非物质文化遗产陈列馆	陕西省中小学优秀传统文化教育社会实践基地	洛川县文化馆
8	安塞文化艺术馆	陕西省中小学优秀传统文化教育社会实践基地	安塞区文化文物馆

（四）延安市省级非遗特色示范县区、镇、街区

截至 2023 年，延安市创建省级非遗特色示范县区 1 个、非遗特色示范镇 2 个、非遗特色示范街区 3 个。（表 2-9）

表 2-9　延安市省级非遗特色示范县区、镇、街区一览表

序号	名称	类型	申报单位
1	安塞区	非遗特色示范区	延安市安塞区人民政府
2	黄陵县阿党镇	非遗特色示范镇	延安市黄陵县阿党镇人民政府
3	延川县文安驿镇	非遗特色示范镇	延安市延川县文安驿镇人民政府
4	红街非遗特色街区	非遗特色示范街区	延安红街红色文化旅游发展有限公司
5	中山街非遗特色街区	非遗特色示范街区	瓦窑堡街道办事处
6	圣地河谷金延安文化产业园区	非遗特色示范街区	陕旅集团延安文化旅游产业投资有限公司

（五）延安市历史文物遗址、遗迹

截至 2023 年，延安市有文物点 8545 处，其中古文化遗址 4900 处，古墓葬 960 处，古建筑 769 处，石窟寺及石刻 335 处，近现代重要史迹 497 处；全国重点文物保护单位 40 处，省级文物保护单位 211 处，博物馆 47 座，馆藏文物 6.8 万件。

（六）延安市民间艺术之乡

截至 2023 年，延安市安塞区（安塞腰鼓、安塞剪纸）、延川县文安驿镇（延川剪纸）被陕西省文化和旅游厅评为"陕西省民间文化艺术之乡"，安塞区、宜川县、富县、黄陵县、延川县被文化和旅游部评为"中国民间文化艺术之乡"。特别是安塞区，在 1988 年被原文化部授予"全国民间绘画之乡"后，又先后被授予"腰鼓之乡""剪纸艺术之乡""民歌之乡""曲艺之乡"，成为全国少有的具有国家级"五乡"之称的县区。

（七）延安市国家级、省级传统村落

截至 2023 年，延安市有延长县雷赤镇凉水岸村等国家级传统村落 13 个，黄龙县白马滩镇张峰村等省级传统村落 72 个。（表 2-10）

表 2-10　延安市国家级、省级传统村落一览表

序号	传统村落名称	级别	批次	获批时间
1	黄龙县白马滩镇张峰村	国家级	第三批	2012.12
2	宝塔区临镇镇石村	国家级	第四批	2016.12
3	子长市安定镇安定村	国家级	第四批	2016.12
4	延长县雷赤镇凉水岸村	国家级	第五批	2019.6
5	延川县永坪镇赵家河村	国家级	第五批	2019.6
6	延川县文安驿镇梁家河村	国家级	第五批	2019.6
7	延川县贾家坪镇磨义沟村马家湾村	国家级	第五批	2019.6
8	延川县贾家坪镇田家川村上田家川村	国家级	第五批	2019.6
9	延川县关庄镇甄家湾村	国家级	第五批	2019.6
10	延川县关庄镇太相寺村	国家级	第五批	2019.6
11	延川县乾坤湾镇碾畔村	国家级	第五批	2019.6
12	延川县乾坤湾镇刘家山村	国家级	第五批	2019.6
13	子长市涧峪岔镇石窑台村	国家级	第六批	2023.3
14	富县吉子现镇西山川驿村	省级	第一批	2015.4
15	富县茶坊街办思宜村	省级	第一批	2015.4
16	富县直罗镇直罗村	省级	第一批	2015.4
17	富县寺仙镇太平村	省级	第一批	2015.4
18	宝塔区临镇石村	省级	第一批	2015.4
19	黄龙县白马滩镇张峰村	省级	第一批	2015.4
20	安塞区楼坪乡魏塔村	省级	第一批	2015.4
21	子长市安定镇安定村	省级	第一批	2015.4
22	洛川县旧县镇上桐堤村	省级	第一批	2015.4
23	洛川县旧县镇北村	省级	第一批	2015.4
24	洛川县土基镇鄜城村	省级	第一批	2015.4
25	志丹县永宁镇白沙川村	省级	第一批	2015.4
26	志丹县旦八镇吊坪村	省级	第一批	2015.4
27	志丹县永宁镇马老庄村	省级	第一批	2015.4

序号	传统村落名称	级别	批次	获批时间
28	志丹县永宁镇崾子川村	省级	第一批	2015.4
29	志丹县金丁镇金汤村	省级	第一批	2015.4
30	宝塔区甘谷驿镇东镇村	省级	第二批	2017.3
31	宝塔区甘谷驿镇顾屯村	省级	第二批	2017.3
32	宝塔区南泥湾镇马坊村	省级	第二批	2017.3
33	宝塔区万花乡毛家堡则村	省级	第二批	2017.3
34	宝塔区枣园办事处庙沟村	省级	第二批	2017.3
35	延长县雷赤镇凉水岸村	省级	第二批	2017.3
36	延长县雷赤镇上坡村	省级	第二批	2017.3
37	延长县雷赤镇下坡村	省级	第二批	2017.3
38	洛川县旧县镇候井村	省级	第二批	2017.3
39	洛川县旧县镇洛生村	省级	第二批	2017.3
40	洛川县旧县镇洛阳村	省级	第二批	2017.3
41	洛川县永乡镇阿寺村	省级	第二批	2017.3
42	宜川县云岩镇永宁村	省级	第二批	2017.3
43	宜川县壶口镇骠骑村	省级	第二批	2017.3
44	宜川县秋林镇西庄村	省级	第二批	2017.3
45	宜川县秋林镇太平村	省级	第二批	2017.3
46	宜川县集义镇桌里村	省级	第二批	2017.3
47	宝塔区冯庄乡李庄村	省级	第三批	2020.1
48	宝塔区冯庄乡康坪村	省级	第三批	2020.1
49	宝塔区柳林镇龙寺村	省级	第三批	2020.1
50	延川县大禹街道办高家圪台村	省级	第三批	2020.1
51	延川县关庄镇太相寺村	省级	第三批	2020.1
52	延川县关庄镇甄家湾村	省级	第三批	2020.1
53	延川县贾家坪镇磨义沟村马家湾村	省级	第三批	2020.1
54	延川县贾家坪镇田家川村上田家川村	省级	第三批	2020.1
55	延川县贾家坪镇刘家沟村	省级	第三批	2020.1

续　表

序号	传统村落名称	级别	批次	获批时间
56	延川县贾家坪镇刘马家圪塔村	省级	第三批	2020.1
57	延川县贾家坪镇曲溪交行政村舍古村	省级	第三批	2020.1
58	延川县贾家坪镇张家河村	省级	第三批	2020.1
59	延川县乾坤湾镇刘家山村	省级	第三批	2020.1
60	延川县乾坤湾镇碾畔村	省级	第三批	2020.1
61	延川县文安驿镇梁家河村	省级	第三批	2020.1
62	延川县文安驿镇吕家河村	省级	第三批	2020.1
63	延川县文安驿镇乔家河村	省级	第三批	2020.1
64	延川县杨家圪台镇下大木村自然村	省级	第三批	2020.1
65	延川县杨家圪台镇瓦村河村	省级	第三批	2020.1
66	延川县杨家圪台镇拓家川村	省级	第三批	2020.1
67	延川县永坪镇段家圪塔村	省级	第三批	2020.1
68	延川县永坪镇赵家河村	省级	第三批	2020.1
69	延川县延水关镇新胜古村	省级	第三批	2020.1
70	洛川县凤栖街道办作善村	省级	第三批	2020.1
71	洛川县交口河镇京兆村	省级	第三批	2020.1
72	洛川县旧县镇姚苌村	省级	第三批	2020.1
73	洛川县石头镇秦寨村	省级	第三批	2020.1
74	洛川县土基镇黄连河村	省级	第三批	2020.1
75	洛川县永乡镇冯家村	省级	第三批	2020.1
76	洛川县永乡镇现头村	省级	第三批	2020.1
77	子长市涧峪岔镇周家山村	省级	第三批	2020.1
78	子长市杨家园则镇热寺湾村	省级	第三批	2020.1
79	黄龙县白马滩镇神玉村	省级	第三批	2020.1
80	延川县大禹街道办马家店村（郭家沟村）	省级	第四批	2022.9
81	延川县永坪镇寺村	省级	第四批	2022.9
82	延川县杨家圪垲镇田家塬村	省级	第四批	2022.9
83	子长市马家砭镇赵家崖堤村	省级	第四批	2022.9

序号	传统村落名称	级别	批次	获批时间
84	子长市杨家园则镇魏家岔村	省级	第四批	2022.9
85	子长市涧浴岔镇石窑台村	省级	第四批	2022.9

（八）延安市国家级、省级历史文化名城、名镇、名村

截至2023年，延安市有国家级历史文化名城1个，省级历史文化名城2个，省级历史文化名镇7个，省级历史文化名村11个，省级历史文化街区7个。（表2-11）

表2-11 延安市国家级、省级历史文化名城、名镇、名村一览表

序号	名称	类型	级别	批次	获批时间
1	延安市	历史文化名城	国家级	第一批	1982.2
2	黄陵县	历史文化名城	省级	第一批	1993.2
3	子长市	历史文化名城	省级	第五批	2022.12
4	宝塔区甘谷驿镇	历史文化名镇	省级	第一批	2019.7
5	洛川县永乡镇	历史文化名镇	省级	第一批	2019.7
6	洛川县正县镇	历史文化名镇	省级	第一批	2019.7
7	富县直罗镇	历史文化名镇	省级	第一批	2019.7
8	子长市安定镇	历史文化名镇	省级	第一批	2019.7
9	富县张家湾镇	历史文化名镇	省级	第五批	2022.12
10	子长市涧峪岔镇	历史文化名镇	省级	第六批	2023.12
11	延川县文安驿镇梁家河村	历史文化名村	省级	第一批	2019.7
12	洛川县朱牛乡贠家塬村	历史文化名村	省级	第一批	2019.7
13	洛川县永乡镇阿寺村	历史文化名村	省级	第一批	2019.7
14	洛川县土基镇鄜城村	历史文化名村	省级	第一批	2019.7
15	洛川县旧县镇桐堤村	历史文化名村	省级	第一批	2019.7
16	富县北道德乡东村	历史文化名村	省级	第三批	2020.12
17	富县茶坊街道羌村	历史文化名村	省级	第五批	2022.12
18	子长市马家砭镇强家沟村	历史文化名村	省级	第六批	2023.12

序号	名称	类型	级别	批次	获批时间
19	子长市杨家园则镇王家坪村	历史文化名村	省级	第六批	2023.12
20	子长市杨家园则镇魏家岔村	历史文化名村	省级	第六批	2023.12
21	子长市玉家湾镇柳树沟村	历史文化名村	省级	第六批	2023.12
22	子长市中山街历史文化街区	历史文化街区	省级	第四批	2021.11
23	子长市米粮山历史文化街区	历史文化街区	省级	第四批	2021.11
24	宝塔区桥沟历史文化街区	历史文化街区	省级	第四批	2021.11
25	宝塔区西北川东段（杨家岭）历史文化街区	历史文化街区	省级	第四批	2021.11
26	宝塔区西北川西段（枣园）历史文化街区	历史文化街区	省级	第四批	2021.11
27	黄陵县桥山街道公孙路历史文化街区	历史文化街区	省级	第四批	2021.11
28	黄陵县桥山街道东后路历史文化街区	历史文化街区	省级	第四批	2021.11

（九）延安市国家级、省级自然保护区、森林公园

延安市现有国家级自然保护区 2 个，省级自然保护区 5 个；国家级森林公园 6 个，省级森林公园 2 个。（表 2-12）

表 2-12　延安市国家级自然保护区、森林公园一览表

序号	名称	类型	级别
1	黄龙山褐马鸡国家级自然保护区	延安市自然保护区	国家级
2	陕西子午岭国家级自然保护区	延安市自然保护区	国家级
3	柴松省级自然保护区	延安市自然保护区	省级
4	陕西桥山省级自然保护区	延安市自然保护区	省级

续 表

序号	名称	类型	级别
5	黄龙山天然次生林省级自然保护区	延安市自然保护区	省级
6	陕西劳山省级自然保护区	延安市自然保护区	省级
7	宜川原麝省级自然保护区	延安市自然保护区	省级
8	延安国家森林公园	延安市森林公园	国家级
9	黄陵国家森林公园	延安市森林公园	国家级
10	延安劳山国家森林公园	延安市森林公园	国家级
11	陕西省黄龙山国家森林公园	延安市森林公园	国家级
12	蟒头山国家森林公园	延安市森林公园	国家级
13	子午岭国家森林公园	延安市森林公园	国家级
14	陕西省鄜州森林公园	延安市森林公园	省级
15	吴起县退耕还林森林公园	延安市森林公园	省级

(十) 延安市国家级、省级湿地公园、地质公园、风景名胜区

延安市现有国家级湿地公园 1 个,国家级地质公园 3 个,国家级风景名胜区 2 个。黄龙山、黄陵国家森林公园入选国家首批森林康养基地,劳山国家森林公园成功创建国家 4A 级景区。(表 2-13)

表 2-13 延安市国家级湿地公园、地质公园、风景名胜区

序号	名称	类型	级别
1	陕西延安南泥湾国家湿地公园	延安市湿地公园	国家级
2	陕西延川黄河蛇曲地质公园	延安市地质公园	国家级
3	洛川县黄土国家地质公园	延安市地质公园	国家级
4	宜川黄河壶口瀑布国家地质公园	延安市地质公园	国家级
5	壶口瀑布风景名胜区	延安市风景名胜区	国家级
6	黄帝陵风景名胜区	延安市风景名胜区	国家级

我们通过对延安市物质文化和美术类非物质文化资源的调查研究发现,延安市民间美术资源具有丰富性和独特性,且地域分布均衡,每个县都有独具特色的民间美术形式,延安市政府也很重视对文化资源的持续性建设与开

发利用。

二、延安市各县特色品牌民间美术资源概况

我们以延安市为中心，将延安市下辖 1 县级市、2 区、10 县划分为北线区域和南线区域，根据对延安市各个区（县）民间美术资源的调研，分析各个区（县）的特色民间美术资源，并整合各个区（县）的特色民间美术资源，形成延安市民间美术资源产业集群。

（一）延安市北线区域特色品牌民间美术资源概况

延安市北线区域特色品牌民间美术资源主要包括子长市钟山石窟，宝塔区石雕，安塞区剪纸、农民画，延川县剪纸、布堆画，延长县石板画，志丹县剪纸、刺绣，吴起县糜粘画、地毯。

1. 子长市民间美术资源特色品牌——子长钟山石窟。

它是中国丝绸之路北线必经之路，也是全国第三批重点文物保护单位，更是子长、延安不可多得的宗教、历史文化遗产。2023 年 3 月 24 日，由子长市委、市政府联合敦煌研究院和延安革命纪念地管理局联合举办的钟山石窟数字化保护启动仪式在钟山石窟举行。子长市策划推出一批文物文化主题线路，开发特色旅游产品，着力打造"红都子长"文化旅游新品牌，为建设延安北部文化副中心赋能添彩。

2. 宝塔区民间美术资源特色品牌——宝塔石雕

市级石雕传承人师世华祖籍榆林清涧，他是家族石雕技艺的第四代传承人。多年来，他在延安这方红色圣地上以石为媒、以石为介，用心临摹雕刻，将陕北文化与红色文化演绎成独具特色的石雕艺术，并不断将延安石雕技艺进行传承与发展。师世华一直奋斗的目标是让陕北随处可见的山石更有价值。2007 年，师世华成立延安圣世华石业有限责任公司，他成了陕北石头的代言人。在师世华的积极带动下，延安石雕传习所的学员队伍不断壮大。

延安石雕传习所展示的师世华石雕作品中，有展现伟人风采、延安革命故事等红色题材的作品，也有陕北景观、人物塑造、家风家训、民风民俗等展现本土文化题材的作品，还有石头做成的石砚、笔筒等办公摆件，包括景观石雕、庭院装饰等，雕刻技艺大多采用浮雕、圆雕、透雕等手法。师世华创作的作品散发着浓浓的陕北乡土文化气息，在市场上渐渐获得了消费者的认可。圣世华石业也成为集石材开采、加工、销售、安装于一体的综合性石

业文化企业，并荣获"延安石雕·中国地理标志""延安石雕·延安市非物质文化遗产"等荣誉称号。

延安石雕不仅是陕北的一项传统技艺，更是陕北文化与延安精神传承的载体。如何传承与保护好这项非遗技艺，石雕传承人师世华认为："非遗传承不应该是静态的、一成不变、停滞不前的，应该是动态的。在发展非遗的过程中，我们要不断学习，不断创新，不断发展，要以市场需求为导向，甚至要充分利用非遗项目，不断引领市场，刺激市场，如果脱离了市场，非遗将很难存活，非遗传承更无从谈起。只有让非遗和市场接轨，才能形成良性的循环发展模式，并在发展中不断壮大，在壮大中不断得到传承。"石雕与人们的生活息息相关，也是陕北人特别喜爱的一种装饰，它将陕北文化中的平实质朴体现得淋漓尽致。因此，延安石雕的市场前景广阔。

3. 安塞区民间美术资源特色品牌——安塞剪纸、安塞农民画

2006 年 5 月 20 日，安塞剪纸经国务院批准被列入第一批国家级非物质文化遗产名录。国家级剪纸传承人高金爱、李秀芳相继去世，省级剪纸传承人王西安、侯雪昭、余泽玲是安塞区剪纸、农民画的杰出代表。

王西安创办了王西安手工艺品专业合作社，该合作社共有成员 20 余人，本着"传承民间工艺，带领农民致富"的宗旨，以"基地＋农户"的运作模式，坚持"集中免费培训，分散经营，全程技术跟踪"的原则，全力为广大民间艺术爱好者提供一个艺术培训的良好平台。

侯雪昭的剪纸代表作有《二龙戏珠》《娃娃坐莲花》《狮子滚绣球》《新农村建设》等。其绘画作品同样比较精细，赋有浓郁的生活气息，作品曾在中央美术学院、香港等地展出。中央电视台、陕西电视台及全国各大媒体都对侯雪昭进行过专题采访，美国、日本、德国等十多个国家的客人也到过她的工作室进行考察。她应邀赴世界多地进行交流表演，并受到国家领导人的亲切接见。2011 年，侯雪昭创立了安塞妇女手工艺专业合作社，免费举办各类培训班，带领广大妇女学习剪纸、绘画等技艺，帮助她们增收致富。

余泽玲是陕西省工艺美术大师，她创作了大型剪纸作品《中国梦·我的梦》《六个精准》。在这些剪纸作品中，余泽玲用心剪出了村民搬迁、第一书记到村上报到等场景，将实施精准脱贫政策以来延安的变化形象生动地展现出来。近年来，余泽玲还创作了表现出强烈的时代气息的《图说我们的价值观》《一带一路共发展》等剪纸作品。余泽玲认为，对安塞剪纸来说，最好的

保护就是传承。余泽玲创办了农民专业合作社，培养了 40 多名徒弟，将自己的剪纸手艺代代相传。

省级农民画传承人李福爱于 1999 年参加了由国务院新闻办公室组织举办的"九九巴黎中国文化周"，其作品受到世界各国专家学者及艺术家的高度赞扬。2010 年，她参加了上海世博会，代表中国向全世界展现了黄土文化艺术的魅力。2013 年 10 月，她创作的作品《延安航天情》搭载神九飞天，后在"十全十美"中国书画名家精品展暨"红烛"慈善之夜拍卖晚宴竞标成功，以 30 万元人民币成交。北京、南京、成都、西安等地邀请李福爱为企业、社区、学校进行培训教学，李福爱将安塞农民画传播到了全国各地。

延安市安塞区文化文物馆积极促进安塞非遗保护工作的发展，多次举办小型非遗购物节，为传承人的创新与发展搭建平台，不仅能够让民众分享安塞区的非遗保护成果，还能够让非遗与现代人民的生活紧密联系，真正体现出"人民的非遗，人民共享"。这一举措加强了民众对安塞区非遗项目知识、技艺和流变脉络的认识和理解，让非遗植根于人们的心中，进一步增强全民参与意识，营造了全区保护非遗的良好氛围。

4. 延川县民间美术资源特色品牌——延川剪纸、延川布堆画

延川县剪纸、布堆画分别是国家级、省级非遗项目，国家级剪纸传承人高凤莲已去世，高凤莲的女儿刘洁琼是省级剪纸传承人。刘洁琼自幼受母亲高凤莲的影响，在继承传统的基础上，创作出许多既有传统特色与内涵，又有时代精神与气息的作品。

省级布堆画传承人郭如林的剪纸、布堆画作品先后在中国美术馆及山东、四川、陕西、上海、香港、法国、日本等省市（特别行政区）和国家参展并获奖。部分作品被美国、德国、法国、英国、日本、韩国、马来西亚、瑞士等国外友人、专家及艺术馆收藏。

延川县有关剪纸和布堆画的传习所、传习基地、综合馆、合作社及企业共 24 个，其中 7 个传习所，6 个传习基地，2 个陈列馆，7 个合作社，2 个省级就业工坊。

延川县非物质文化遗产保护中心开设相关剪纸、布堆画等培训班。截至 2023 年，这些培训班累计培训 867 人。开通了抖音、快手官方账号，以"非遗闹新春文化进万家"视频直播家乡年活动为主题邀请延川剪纸、布堆画等非遗项目传承人进行直播教学，累计视频点赞量 329 次、视频阅览量 16547

次。以"迎春送福 非遗送吉祥""非遗过大年""非物质文化遗产"等相关主题在延川非遗公众号上发表文章10篇。其在快手平台累计直播17次，观看人数共计6685人次，累计阅览量13748次。延川县开展非遗进社区、进校园、进景区、进乡村"四进"活动，在河东社区开展"文化进社区 新春送吉祥"文明实践活动，现场剪窗花、写春联、送非遗剪纸挂历。

延川县非物质文化遗产保护中心与合作社、非遗就业工坊等对接联络，启用了线上销售方案，在抖音、快手、拼多多、微信等平台注册入驻。目前，有三家合作社在线上平台申请入驻，上线产品共计几十种，集展示、销售为一体。

延川县非物质文化遗产保护中心在马家河建成农产品传统工艺产业园区，民间美术类传统工坊、传统手工艺工坊已入驻经营；在文安驿电商大厦建立了非遗文化展示传承基地和文学书画院文创产品展销店；与社管中心合作，在郭家塔社区建立了非遗社区工坊及非遗陈列馆；与慈善协会合作，在县域幸福家园项目中建立了非遗展示馆。延川县非遗中心与各企事业单位合作，大力推进非遗项目建设，惠及人民群众文化生活的各个方面。

5. 延长县民间美术资源特色品牌——延长石板画

延长县市级石板画传承人李春迎凭借着对石板画的热爱，获得首届"延安工匠"称号。他创作了《中国陆上第一口油井图》《十二生肖图》等各类题材的石板画。延长石板画经过近两千年的发展，原本发端于墓葬画像石的石刻技法已应用到生活器物及装饰用品上，进入寻常百姓家。李春迎说："一开始做一些小件石刻作品，如捣蒜钵钵、笔筒，这些物件实用性强，群众的需求量大，让我觉得靠着这门手艺能贴补家用。"延长县文化馆在安沟镇政府设立石板画非遗传习所，李春迎通过传习所培训石板画爱好者300余人，通过大型的展览展示活动以及延长县文化馆组织的相关活动培训学员500余人。延长县文化馆还积极对接省内艺术高校，探索将延长石板画朴素大方、装饰性强的艺术风格应用到茶盘等家居物品装饰上，进一步拓宽延长石板画的传承发展道路。

6. 志丹县民间美术资源特色品牌——志丹剪纸、志丹刺绣

志丹县是一块文化浓郁的土地，境内红色文化、黄土文化、民族文化、边塞文化交相辉映，非物质文化遗产资源丰富，以剪纸和刺绣为主，尤以刺绣最为突出。志丹刺绣具有很深的文化底蕴，主要的刺绣产品有鞋垫、枕头

顶、荷包、马褂等。

志丹县刺绣、剪纸分别是省级、市级非遗项目，省级刺绣传承人宋俊从10岁起就开始学习剪纸、刺绣。宋俊曾历时一年完成刺绣巨作《红楼群芳图》，整幅作品长 2.28 米，宽 0.68 米。作品中的人物俱是古典文学名著《红楼梦》中的仕女，书中经典场景被生动地再现于大幅绣绢上。市级剪纸传承人金贵玲自幼受外婆和奶奶的影响，8 岁开始学习剪纸，13 岁就能脱稿剪十二生肖。2005 年起她参加各种县级、市级、省级、国家级的比赛，其作品《鼓声满天下》《春夏秋冬》分别获得延安市农民画、剪纸征集展览民间绘画类二等奖，其作品《反腐倡廉》被河南世界非遗文化城中国剪纸博物馆荣誉收藏。

7. 吴起县民间美术资源特色品牌——吴起糜粘画、吴起地毯

吴起县于 2004 年成立了吴起县非物质文化遗产保护小组，2010 年成立吴起县非物质文化遗产保护中心，隶属于吴起县文化和旅游局，与县文化馆两块牌子一套机构，合署办公。自开展工作以来，吴起县非物质文化遗产保护中心始终坚持"保护为主、抢救第一、合理利用、传承发展"的工作方针，不断健全机制体制，狠抓重点难点，强化工作措施，整体有序推进。其先后举办糜粘画、剪纸、刺绣、农民画等各类非遗培训 30 余次，开展非遗进校园活动 20 余次，分别走进县中小学校及各乡镇小学，并将剪纸课作为县区小学课堂兴趣课，长期开展。其每年利用各类节庆活动、自然遗产日等契机举办非遗宣传展示、展演活动 30 余场次。

吴起糜粘画制作工坊长期开展传承、展示、销售工作，并举办研学体验活动。吴起糜粘画制作技艺传承人王玉花负责培训和生产工作，优先选用在当地建档立卡贫困户和低收入家庭的人员，以件计费。从 2020 年至 2023 年，吴起县先后组织开展了 6 次集体培训，共培训 80 余人，制作糜粘画 300 余幅，销售 160 余幅，带动了部分人群就业。

市级地毯制作技艺传承人宗淑梅积极传承发展吴起地毯的制作技艺。吴起地毯制作工坊在 2023 年申报成为省级非遗工坊，该工坊属于吴起县地毯厂。吴起县地毯厂始建于 1987 年，2018 年被县残联命名为吴起县残疾人就业培训基地。该基地以厂房式集体作业为主要传承方式，保留了传统的手工技艺，师徒传承，现有（截至 2024 年 2 月）职工 200 人，解决了 57 个残疾人的就业问题，安置贫困户 11 户，主要采取免费培训、直接安置、引介帮

扶，以培训促就业、以就业促脱贫的方式传承技艺。

吴起县地毯厂的产品包括地面铺垫、炕垫、汽车垫、沙发垫等多个品种，产品销往各地。厂内建有地毯精品陈列区和老式地毯作坊传习室，供传承、展示和宣传，这两个地方是吴起非遗中心开展地毯制作技艺传习活动的主要基地，集传承、创新、销售、宣传为一体，吴起地毯已成为当地较有特色的文化产业之一。1998 年清明节黄帝陵祭祖时，吴起县社会福利总厂生产的"中华民族胜地——黄帝陵"作为香港回归一周年纪念品，由吴起县人民政府赠予香港特别行政区政府。近年来，吴起县地毯厂规模逐渐扩大，其所生产的纯羊毛地毯制作精美，深受消费者好评，远销国内外，其生产、经营模式成为当地非遗生产性保护示范模式。

（二）延安市南线区域特色品牌民间美术资源区概况

延安市南线区域特色品牌民间美术资源主要包括洛川面花、毛麻绣，富县泥塑、熏画，黄陵面花，黄龙木雕，宜川剪纸，等等。

1. 洛川县民间美术资源特色品牌——洛川面花、洛川毛麻绣

洛川大塬宽阔平坦，横亘在陕北山地与关中平原之间，得大自然之恩赐，物阜民丰，以优质苹果而名扬天下。蕴千百年历史之精华，人文荟萃，俊贤与名胜见诸史志。"地接关辅，风承周秦，境临洛渭，俗融戎狄。"在漫长岁月的孕育中，该地各种文化兼收并蓄，互相渗透，形成了十分丰富的非物质文化遗产。其主要品类有以"烂柯山王樵观棋""刘解元悟道读书"为代表的民间传说，以泥塑、面塑为代表的传统技艺，以剪纸、刺绣、绘画为代表的民间美术，以整鼓、老秧歌、对面锣鼓为代表的民间歌舞，以"拜双雁""拉枣枝"为代表的古老传统礼俗，以油糕、摊黄儿、火碗为代表的民间美食等都具有鲜明的地方特色，进入各级非遗名录的有百余项。非物质文化遗产代表人物王兰畔被联合国教科文组织授予"民间工艺美术大师"的称号，民间美术类非遗传承人杨梅英、马秀英等各具风采。

洛川县文化生态保护实验区自 2009 年开始规划，规划区国土总面积为1804.8 平方千米，辖 8 镇 1 个街道办，196 个行政村。随着 2012 年 5 月陕北国家文化生态保护实验区正式挂牌成立，洛川县文化生态保护实验区成为陕北国家文化生态保护实验区 9 个县域辐射区的组成部分。

中心区域建设。洛川县已完成洛川非遗保护中心、洛川民俗博物馆、洛川民俗博览园、洛川祈福纳祥园、洛川非物质文化遗产综合陈列馆等中心区

域建设。

核心区域建设。洛川县已建立了九大省级项目文化保护分区，包括蝥鼓艺术保护分区、剪纸保护分区、刺绣保护分区、洛川灯会保护分区、洛川面花保护分区、老秧歌保护分区、栏柯山宗教信仰（道教）保护分区、对面锣鼓保护分区、洛川婚俗保护分区。

展示区域建设。洛川县在凤栖街道好音村建成毛麻绣文化传承展示区，在凤栖街道办东关村建成泥塑展示区、在交口河镇京兆社区南建成安善民间绘画展示区。

传播区域建设。洛川县在凤栖街道谷咀村建立了传统饮食保护传播区，在凤栖街道作善村建立了祭祖拜影保护传播区，在石头镇朱牛社区贫家塬村建立了窑洞技艺保护传播区。

目前，在洛川县文化生态保护实验区内，人们根据"全域文化生态涵盖"规划，形成了文化生态保护中心区域、核心区域、展示区域和传播区域四大板块。同时，主要依靠国家级、省级、市级、县级非遗项目，非遗代表性传承人，成立了民间美术类非物质文化遗产传习基地、传习所、展示传播基地、生产性（经营）示范基地，以及非物质文化遗产整体性（保护）文化生态村和一条非遗旅游线路。

洛川毛麻绣是在洛川剪纸、洛川刺绣和洛川民间箱柜画、瓦瓮画的基础上衍生而来的新的民间艺术品类，属手工艺品。20世纪70年代末，洛川文化馆工作人员王生毅在研究整理洛川剪纸、刺绣的时候，创造性地将洛川剪纸的造型、刺绣的配色特生、民间绘画的构图特征，与当地的民俗风情及乡土文化相结合，设计并制作出第一幅毛麻绣作品——《艾虎》，为洛川刺绣的发展和传承另辟蹊径。在几十年的发展演变中，洛川毛麻绣逐渐形成以村落为单位的制作、销售群体，已成为凤栖街道好音村的支柱产业，并且带动周边村落的手工产业经济发展。凤栖街道谷咀村凭借洛川民间小吃发展的饮食经济，也结合毛麻绣的市场经济潜力，形成了以饮食、旅游工艺品为主导的多元化产业经济发展路径。2008年，洛川毛麻绣被延安市人民政府列入市级第一批非物质文化遗产保护名录。

近年来，洛川充分发挥当地传统文化、非物质文化遗产资源丰富的优势，积极拓展工作思路，转变工作方式，通过多项扶持方案，鼓励和支持非遗生产性保护工作，将发展非遗生产性保护培训与乡村振兴有力结合、与发展文化产业结合，鼓励非遗传承人收徒传艺向乡村倾斜，并从传习场地、技术等方面进行扶持，带动乡村经济发展。

目前，洛川县以凤栖街道办为非遗工艺振兴核心区带动辐射各镇，从事非遗传统工艺加工生产的村有 13 个，共计 2508 户；部分村上成立了公司、专业合作社、非遗作坊，建立了非遗传承基地、非遗传习所。同时，相关部门更新创意，扩展思路，不定期组织非遗能手进行技能培训，并与省市协调非遗研培计划，派出具有代表性的能工巧匠参加相关高等专业院校的非遗技能培训。截至 2021 年末，对全县非遗能手从业情况的统计显示，年收入最高的为 36000 余元，年收入最低的为 12000 余元。在加强传承人产业扶持的同时，相关部门加强非遗工艺普及教育工作，建立非遗工艺特色校园三所（北关小学、丰园小学、老庙小学），培养青少年面花工艺社团学生 300 余人。相关部门还依托网络，进一步拓展宣传途径，发展洛川非遗工艺自媒体传播交流平台。截至 2021 年末，该核心区有非遗类快手账号 60 个、抖音账号 72 个，让传承人形成"互联网＋非遗工艺"的思维，亲近新媒体，学习掌握新技能，利用新媒体传播非遗工艺，并加强非遗工艺与乡村旅游融合发展。

洛川非物质文化产业是乡土精神的重要载体，有效实现其创造性转化、创新性发展，使其融入乡村振兴的全过程，成为全面推进乡村振兴的助力点，能够满足人民日益增长的生活需要，如春风化雨般浸润群众心灵，为乡村社会经济发展提供持久动力。

2. 黄陵县民间美术资源特色品牌——黄帝陵、黄陵面花

黄陵是中华文明的发源地之一，是中华民族的精神家园。黄陵位于陕西省中部，延安市南端。这里山清水秀，西部林海、塬区果树、县城"四山"构成三道绿色屏障，沮河、葫芦河径流地表，全县森林覆盖率达 76.5％，是黄土高原上的绿色奇葩，是陕西五大林区之一。黄陵人文景观独特，位于县城桥山之巅的黄帝陵被国务院公布为第一批全国重点文物保护单位，编为"古墓葬第一号"，号称"天下第一陵"，是中华文明的精神标识。黄陵县境内还有秦朝的秦直道，唐代的紫峨寺，宋代的万安禅院、子午岭等历史文化遗址和自然景观。

黄帝陵景区是国家级重点风景名胜区、全国文明风景旅游区、全国爱国主义教育基地、中国黄帝祭祀文化之乡、中国民间文化艺术之乡、中国民间文化旅游示范区，自然资源与人文资源十分丰富。

在黄陵这片丰厚的黄土地上，从刀耕火种到现代文明，千年绵延，薪火相传，孕育滋养出了灿若星河的传统文化，流传至今而历久弥新，影响深远。目前，黄陵县共有国家级项目黄帝陵祭典、黄陵面花 2 项。2007 年，黄陵面花被列入陕西省第一批非物质文化遗产名录。2008 年，黄陵面花被列入第二批国家级非物质文化遗产名录。黄陵，因中华民族始祖轩辕黄帝的陵寝而闻名世界，每年清明时，桥山上的黄帝陵前都会有很多来自天南海北的中华儿女到此祭祀先祖，而在祭祀仪式中，必不可少的就是黄陵面花。多年以来，黄陵涌现出了以王兰芳、赵爱芳、王民政为代表的民间手艺人，他们先后把黄陵面花这项非遗手艺推向了全国乃至全世界。以王强为代表的 90 后"非遗新生代"在用年轻人的审美和逻辑思考着如何把黄陵面花这门技艺传递给"新一代"。王强毕业于艺术学院，有着很深的美术功底，在学校里学习的绘画、雕塑、篆刻等课程也让他对黄陵面花这门传统手艺有了新的认识。王强在接受采访时说："我在传统面花制作的基础上，将面花与现代工艺美术结合起来，让面花更符合当下年轻人的审美。"王强经过调研，发现黄陵面花完全可以借鉴蛋糕和手办工艺的商业模式发展。近年来，我国非遗文化传承人队伍呈现年轻化趋势，不少新生代传承人借助互联网让古老的非物质文化遗产"活"了起来、火了起来。王强在短视频平台推广过面花制作，也有过在网购平台开店的想法，但碍于没有团队和策划，黄陵面花的互联网发展进程略显缓慢。

黄陵地理优势明显，包茂高速、西延铁路穿境而过，210 国道、秦七铁路横贯县境，包茂高速第二通道和西延动车黄陵站建成通车，城际高铁即将建设。黄陵已成为区域公路和轨道交通的枢纽，连接省会西安和圣地延安的"两高两铁" 1 小时经济圈。

截至 2019 年，黄陵县有涉旅企业 50 余家，标准床位 3000 多张，可容纳 5000 多人同时用餐，还有轩辕酒、黑陶、驴胶、面花、果醋、油糕、小杂粮、山核桃工艺品等富有地方特色的旅游产品，能为游客和大型接待团体提供"吃、住、行、游、购、娱"等全方位优质服务。

3. 富县民间美术资源特色品牌——富县黑陶、富县熏画

富县泥塑陶艺在省级传承人王志刚等匠人的传承与创新下已成为陕北旅游业对外推荐的非物质文化遗产代表性项目。富县省级熏画传承人鲁跃芳和缑竹梅依托熏画传习所传承和发展富县熏画的制作技艺，将指尖技艺转化为

乡村振兴动能。

近年来，富县非遗保护工作坚持"保护为主、抢救第一、合理利用、传承发展"的工作方针，紧紧围绕国家级陕北文化生态保护试验区建设任务，坚持创造性转化、创新性发展，加强对非遗保护工作的组织领导，建立协调机制，健全管理体系，强化队伍建设，加强宣传培训，创新学术研究，引导社会参与，全面推动了非遗保护传承发展，提高了非遗传承保护水平。

富县因地制宜，通过线上＋线下的综合模式，建设集乡村传统生活习俗、民族工艺和乡村发展于一体的非遗工坊、非遗研学旅游基地，充分发挥非遗在助力乡村振兴和经济社会发展中的积极作用，切实提高非遗文化的知名度与影响力。

4. 宜川县民间美术资源特色品牌——宜川剪纸、宜川黄河壶口

黄河壶口位于陕西省宜川县境内，为国务院 1988 年公布的第二批国家级重点风景名胜区，由县城沿着 309 国道往东直达黄河即可到达，距县城 48 千米。由于黄河水携带很多泥沙，这里形成了世界上少见的金黄色瀑布。

宜川市级剪纸传承人李燕燕，她剪纸不靠图样，而是随看随剪，随听随剪，心到手到，作品构思新颖别致，剪法细腻，剪工精巧。2007 年 11 月 2 日，中央电视台二套财经频道《为您服务》栏目对她做了专题报道，其剪纸作品获得各级各类奖项。

5. 黄龙县民间美术资源特色品牌——黄龙根艺、黄龙树顶漫步营地

黄龙县特色品牌生态游树顶漫步营地坐落于陕西省旅游特色名镇黄龙县瓦子街镇，是以自然教育和营地教育为主的互动体验式营地，东距壶口瀑布50 千米。营地在陕西黄龙山国家森林公园境内，是集生态科普、自然教育、森林运动、户外拓展、文化表演、现代农业、度假为一体的综合互动体验式自然教育营地。

市级根艺传承人王全喜在连绵不断的黄龙山深处，从"根"开始，"雕刻"出精彩人生。他将做了几十年的根雕艺术与盆景结合在一起，发展起了盆景产业，靠手艺走出了一条致富的道路。王全喜还带动了一大批群众走上了发展盆景产业致富的道路。王全喜在接受采访时说："一人富不算富，我要靠手艺带大家走上致富路。我的团队目前有十几个人，每人每天工资 150 元到 200 元不等，普通工人半年可收入 3 万元左右，熟练工每年可收入十几万元。"

6. 甘泉县民间美术资源特色品牌——甘泉剪纸

甘泉县为了更好地传承和发扬剪纸这项非物质文化遗产，以政府＋公司的运营管理形式，对在家待业、贫困人员等进行剪纸培训。这一举措帮助贫困及失业妇女解决了无技术、就业难、收入低的问题，让广大农村贫困及失业妇女掌握民间剪纸技术，传承民间传统文化，拓展创收的新渠道。

甘泉县妇联本着就业关怀的工作理念，让贫困户成了创业带头人，让手艺人成了公司董事长，并吸纳优秀的妇女为妇联执委，得到过帮助的执委怀着感恩之心进行"反哺式"回馈：执委高凤英建立社区工厂孵化22名剪纸能人；吴春娥开办花馍公司，手把手教出7名县级非遗传承人，再将培养起来的优秀妇女吸纳为妇联执委，形成了"1＋1＋N＋X"的帮扶模式，妇联队伍得以发展壮大，发挥执委联系妇女群众、服务妇女群众的职能，构建"智慧型"妇联。

综上，延安市各个县区都有各自独特的非遗品牌，而且各县政府根据品牌的特色性开展各项相关扶持工作，使非遗保护与发展传承工作有序进行。

三、依托国家级陕北文化生态保护区建设，共享榆林民间美术资源

榆林位于陕西省最北部，处于游牧文化与农耕文化的交会地带，非物质文化遗产资源丰富多样。2012年4月，原文化部正式批准在榆林、延安设立国家级陕北文化生态保护实验区。2023年1月28日，陕北文化生态保护实验区（陕西省榆林市）被文旅部正式公布为国家级文化生态保护区。在文旅部和省文旅厅的关心指导下，当地人们深刻认识到建设国家级陕北文化生态保护区能够推动榆林非遗保护传承、文化繁荣、经济社会高质量发展，要全面贯彻落实习近平新时代中国特色社会主义思想和习近平总书记四次来陕考察重要讲话的指示精神。

榆林市坚持政府主导、社会参与，坚持创造性转化、创新性发展，坚持见人见物见生活和整体性保护理念，从榆林非遗资源的实际出发，着眼于文化生态，彰显文化特色，推进文旅融合，走出一条文化生态保护的新路子，实现文化生态保护与榆林资源型经济社会发展协同并进。自生态区设立以来，榆林市坚持顶层设计、科学规划、合理推进，团结和动员各种力量，扎实推进相关建设工作。

2021年9月14日，习近平总书记考察调研榆林市绥德县非物质文化遗

产陈列馆时指出："绥德是黄土文化的重要发源地之一，非物质文化遗产资源丰富，孕育发展了优秀民间艺术，展现了陕北人民的热情、质朴、豪迈。民间艺术是中华民族的宝贵财富，保护好、传承好、利用好老祖宗留下来的这些宝贝，对延续历史文脉、建设社会主义文化强国具有重要意义。要坚持以社会主义核心价值观为引领，坚持创造性转化、创新性发展，找到传统文化和现代生活的连接点，不断满足人民日益增长的美好生活需要。"

（一）形成"政府主导、社会参与"的格局

榆林市成立了市政府主要领导担任生态区建设领导小组组长的专门工作机构，编制并印发了《榆林市国家级陕北文化生态保护区总体规划》，明确各个时期建设的主要目标任务；不断健全生态区建设机制，将生态区建设与经济社会发展、陕甘宁蒙晋交界最具影响力城市、黄土高原生态文明示范区建设结合起来，已基本形成"政府主导、社会参与"的格局。

2022 年初，榆林市又制定了 15 条加强生态区建设的工作举措，确定成立榆林市国家级陕北文化生态保护区建设管理中心，县级建制；在榆林职业技术学院设立非物质文化遗产学院；将原纳入市级财政预算的每年 200 万元专项经费增加到 3000 万元，同时要求县市区配套经费不低于 200 万元；国家级、省级、市级传承人在原有的每人每年 20000 元、5000 元、2500 元的基础上每人再增加 12000 元补助经费。2012—2022 年，全市累计投入资金 42.3 亿元，为生态区建设提供了坚实保障。

全民参与生态区建设的自觉性进一步增强。榆林市现有近万个文化广场和文化舞台，成为群众文化活动和非遗传承展示的重要平台。每到传统节假日，唢呐、民歌、说书、秧歌、道情等非遗项目轮番展演，群众自娱自乐的活动更是如火如荼。民间自发成立的上百个社团协会，成为生态区可持续发展最稳定、最活跃、最持久的力量。

（二）全力推进整体性保护

整体性保护是生态区建设的基本原则和重要保证。对此，榆林市将整体性保护贯穿生态区建设的始终，以生态修复为首要任务，不断健全保护传承体系。

截至 2023 年，榆林市有国家级非遗代表性项目 11 项、省级 66 项、市级 211 项、县级 565 项；有国家级代表性传承人 14 名、省级 66 名、市级 420

名、县级 1114 名；全市建成市级非遗综合展馆 1 个，国家级非遗代表性项目陕北民歌专题博物馆 1 个，综合性非遗展示场馆 12 个，非遗专题馆 23 个，县级以上非遗传习所、传承基地 94 个；建成民歌、剪纸、民俗、石雕等 70 多个文化生态博物馆，对非物质文化遗产、物质文化遗产、人文环境、自然环境进行整体性保护。

生产性保护进一步加强，抢救性保护措施有力。佳县剪纸、子洲石雕等 8 个项目被列为陕西省第一批传统工艺振兴目录，2 家非遗工坊成功录入国家扶贫项目库，11 家非遗工坊入选陕西省非遗就业工坊。绥德石雕、三边剪纸、榆阳柳编等成为助力乡村振兴的典范。榆林市政府邀请专家学者通过实地调研、学术研讨等形式，抢救了一批濒危项目，同时，通过数字化及新媒体技术对重点代表性传承人的特殊技艺进行抢救性记录。

理论研究硕果累累，艺术之乡"遍地开花"。依托本地高校的优质资源，榆林市政府在榆林学院设立陕北文化生态保护实验区研究基地。先后开展生态区田野调查 8 次，开设生态区相关研究课程 5 门，出版陕北文化研究专著 200 余部，发表陕北文化学术论文 60 余篇；建成陕北文化研究专题资料室 1 个，藏书 1 万余册；举办陕北文化学术报告、专题培训 80 余次，为生态区的建设研究提供了坚实的理论支撑。

榆林市政府组织专家学者编写《可爱的榆林》《府谷二人台民歌进校园》《非遗进校园 剪纸大课堂》等非遗教材 18 本，印刷达 20 多万册。先后有陕北民歌、陕北秧歌、横山老腰鼓、府谷二人台、陕北说书、剪纸、面花、泥塑等 30 多个非遗项目走进校园、走进社区，累计开展活动 25 万场次。绥德县非遗陈列馆等四家单位被列入陕西省中小学优秀传统文化教育社会实践基地名单。2022 年 9 月，陕北民歌和陕北说书被纳入榆林学院公需课，榆林非遗正式进入高校课堂。

绥德、横山、神木、榆阳被命名为"中国民间文化艺术之乡"，定边被命名为"中国剪纸艺术之乡"，横山被命名为"中国曲艺之乡""中国陕北民歌之乡"，榆阳被命名为"中国民歌之乡"。榆林市 12 个县市区有 9 个被命名为"陕西省民间文化艺术之乡"。

（三）推动非遗常态化传承

榆林市以非遗重点项目为引领，推动非遗常态化传承，让陕北文化的独特魅力通过生态区建设得到进一步彰显。

传播形式丰富多样。榆树市先后拍摄了 11 集国家级非遗代表性项目传承人宣传片、12 集省级非遗代表性项目传承人宣传片，录制了 19 集陕北民歌微视频，开通了"榆林非遗"抖音官方账号，整理编辑了《陕北民歌大全》《陕北道情》等图书 100 多部。以非遗元素创排的艺术精品，获得国家级群星奖 3 个、省级群星奖 10 个。连续举办六届陕北民歌艺术节、六届"陕北榆林过大年"系列活动、四届陕北民歌大赛、四届面花文化节暨全国性面花竞赛活动和镇北台千人老腰鼓会演等。

对外交流，影响扩大。榆林、延安通过陕北民歌、陕北道情、陕北说书等重点非遗项目的比赛、交流形成良好的文化合作机制。2022 年，两地还签订了《延安榆林协同推进高质量发展战略合作协议》，并先后与扬州市共同举办了四届曲艺交流展演，与安康市举办了八场陕北陕南民歌交流展演等。

（四）将文化品牌融入生活

在生态区建设中，榆林市涌现出一大批特色文化品牌。

2023 年春节期间，位于榆林城区的陕北民歌博物馆成为广大市民群众的过年"打卡地"。该馆是全国首个陕北民歌生态博物馆，总建筑面积 11800 平方米，是国内内容最丰富、功能最完善、规模最大的专题民歌博物馆。自 2018 年 5 月开馆以来，到 2023 年，该馆累计接待游客 20 多万人次，开展进校园活动 83 场次、陕北民歌培训 2600 人次、研学活动 100 多场次、动态展演 500 多场次。陕北民歌博物馆已成为陕北民歌艺术发展展示的崭新窗口。

榆林古城享有"南塔北台中古街，六楼骑街天下名"的美誉。自 2006 年起，榆林在古城六楼分别开展陕北民歌、陕北说书、陕北道情、榆林小曲等常态化展演活动。该项目成为物质文化遗产和非物质文化遗产整体保护和融合利用的典范，2019 年被文旅部和财政部批准为国家公共文化服务体系示范项目。

被赞誉为"陕北文化的活标本"的大型陕北秧歌剧《米脂婆姨绥德汉》曾在第九届中国艺术节上获得中国舞台艺术政府最高奖"文华大奖特别奖"、陕西省"五个一工程"奖等众多奖项，并 3 次受邀进京在国家大剧院献演，全国巡演 400 多场。2022 年 8 月起，该剧在榆林剧院进行市场化运作、常态化演出，成为讲好榆林故事、展示陕北文化的又一精品剧目。

2019 年，榆林市、榆阳区两级文旅部门在榆林老街开办了"非遗小剧场"，每天组织非遗项目展演，截至 2023 年 1 月，共演出 820 多场。这是文化传承传播保护的重要载体和品牌项目，是榆林古城文化旅游的金名片。与此同时，神木、横山、清涧、绥德、定边等县市区纷纷效仿，陆续开办类似剧场。至此，非遗小剧场在全市由点到面，渐成规模，深受群众的喜爱。

四、陕北民间美术资源的机构设置及职责分析

组织机构的合理设置是组织高效运行的基石。明确的分工和清晰的职责能够有效避免职责重叠和资源浪费，从而确保每一个部门能够专注于其核心任务，促进组织目标的实现。这种组织结构不仅有利于提高工作效率，还有利于管理流程的顺畅运行，避免因职责不明确而引发的相互推诿和责任归属的问题。在实践中，一个合格的组织机构应具备适应性强、反应迅速、内部沟通顺畅等特点，以应对外部环境的变化和内部挑战。如图 2-5 所示。

陕北当地政府对非物质文化遗产保护高度重视。延安市政府在文化和旅游局下设非遗保护科（如图 2-4）来负责相关工作，这一部门不仅负责制定保护和传承非物质文化遗产的政策，还负责监督和协调各相关部门的工作，确保各项措施得以有效实施。延安革命纪念地管理局下设文物博物馆处，负责全市不可移动文物保护管理、组织开展文物资源普查调查、指导全市文物维修保护工程建设等工作。

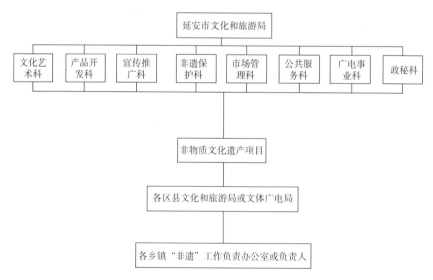

图 2-4 延安市文化和旅游局非物质文化遗产项目机构设置

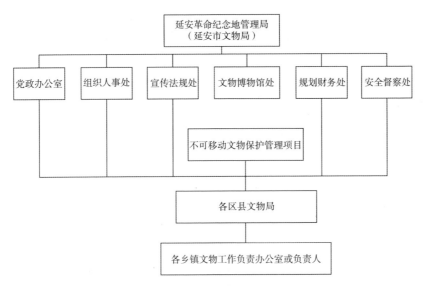

图 2-5　延安革命纪念地管理局文物保护管理项目机构设置

在全面开展区域文化保护和传承工作的背景下，延安市政府展示了如何通过精细化的组织机构设置和分配职能，实现文化遗产的有效保护和活跃传承。延安市文化和旅游局下设的非遗保护科是该市非物质文化遗产保护工作的核心力量，其主要职能是对多样性文化的综合管理和推广策略。

社会文化科的职责首先体现在拟订并实施各项文化事业管理办法和发展规划上，包括群众文化、少儿文化、老年文化及美术、书法、摄影、公共图书馆等领域的发展。这些规划不仅具有文化的广泛性，也确保了不同人群和社会群体的文化需求得到满足。通过这些规划，榆林市能够保证文化活动的多样化和文化服务的普及化，从而提高文化的社会影响力和参与度。社会文化科负责指导和协调重大群众文化活动，这些活动不仅是文化传播的重要途径，也是加强市民文化认同和增进社区凝聚力的关键环节。

在非物质文化遗产的具体保护工作中，社会文化科的作用尤为突出。它不仅负责制定保护措施和政策，还指导文化馆（站）在非物质文化遗产的挖掘、记录、保护和传承工作中发挥资源优势。这些措施确保了文化遗产的系统保护和科学管理，使非物质文化遗产能够得到恰当的保护和传承。社会文化科还负责指导全市图书馆工作，这一职能强调了图书馆在文化传承和普及中的重要作用。

五、陕北民间美术资源保护和开发的人力要素分析

在陕北民间美术资源的保护和开发中，人的要素是核心，人力要素主要包括陕北民间美术的传承人和从艺者、陕北民间美术资源开发的设计者、陕北文化艺术管理人才三部分。中国艺术研究院苑利教授提出，对非物质文化遗产的保护与开发，关键是要做好非遗的社会分工，非遗的保护传承职责交给非遗传承人，创新发展的工作交给设计师、开发者以及企业。

（一）陕北民间美术的传承人和从艺者的现状分析

当代陕北民间美术的创作者呈现出多元化发展趋势。一部分是老一代原生态民间艺人的坚守，口传身授，将民间艺术原汁原味地进行传承。另一部分是中年民间艺人运用传统民间美术技法表达新时代的社会生活，保留了传统的艺术形式，对题材进行现代化转变。还有一部分是新生代年轻民间艺人根据当代文化生态创新民间美术，从体裁到题材都进行了创造性转化。

1. 老一代原生态民间艺人的坚守

我们在对陕北民间美术资源的现状进行考察时，不可忽视的是老一代原生态民间艺人的独特贡献。民间艺人如杨梅英、侯雪昭等，他们以坚守传统创作意识和技艺的方式，不仅保存了一种艺术形式，更是保存了一种文化记忆和乡村生活的历史见证，这一代民间传承人是对民间美术"原味"的传承，应给这代传承人提供特殊的保护性待遇，让这代传承人将"原汁原味"的民间美术的艺术形式及文化内涵进行大范围传授。

这些老一代艺人的作品，凭借其独特的艺术语言和表现手法，反映了陕北地区丰富的文化遗产和民俗风情。他们的创作内容通常包含了乡村的自然景观、日常生活、传统节庆等元素，这些作品是对过去乡村生活方式的一种记录和回顾。在技艺上，这些老一代艺人通常采用传统的手工技法，如传统的剪纸、泥塑、绣品等。这些技艺的传承和发展反映了陕北民间美术的历史连续性和文化深度。老一代艺人的作品在材料选择、制作工艺和艺术风格上均保留了传统的特点，展现了陕北传统民间艺术的原汁原味。

这些艺术作品在当代社会中的艺术价值和文化意义极高。随着社会的发展和文化的变迁，这些作品不仅作为一种文化遗产被更多人所认识和欣赏，还在现代文化中找到了新的表达方式和生存空间。例如，通过展览、文化交流等方式，这些作品得以展现给更广泛的观众，从而激发了他们对传统文化

的新的兴趣和认识。老一代原生态民间艺人在陕北民间美术资源的现状考察中占据了重要地位，他们的坚守和创作不仅是对传统艺术形式的保存，更是对过去乡村生活记忆的传承。

2. 中年民间艺人运用传统民间美术技法表达新时代的社会生活

在对陕北民间美术资源现状的深入考察中，我们发现中年民间艺人在传承与创新之间找到了一种平衡。中年民间艺人如余泽玲、韩树爱等，通过运用传统民间美术技法表达新时代的社会生活，实现了传统艺术与当代现实的紧密结合，这不仅是对传统技艺的活态传承，也是对传统文化进行现代诠释的一种尝试。中年民间艺人既能够掌握传统技艺，也能够发展创新，但对传统的文化内涵仍需加强深度挖掘，以便更好地"原味"传承。他们是陕北民间美术保护与传承的主力军。

中年民间艺人在创作中融合了传统技艺和现代生活元素。他们在保持传统民间艺术精髓的基础上，将其与当代社会的主题和情感相结合，创作出既有传统风格又具有现代意义的作品。这种融合不仅体现在艺术形式上，还体现在内容的选择上，如描绘新时代的社会变革、人民生活的变迁等，使作品既有传统的韵味，又有现代的意识。这种艺术创作方式为传统民间美术的活态传承提供了新的思路。中年民间艺人在坚守传统技艺的基础上，注入新的社会意识和创作灵感，使传统艺术不断更新和发展。这种传承方式使陕北民间美术既保持了其文化的连续性，又展现了其时代的适应性和创新性。

中年民间艺人的作品在传播和教育方面也具有重要作用。他们的作品不仅在地方展览和文化活动中受到欢迎，也能够通过网络、媒体等现代传播手段，向更广泛的观众展示陕北民间美术的魅力。他们在传授技艺时还能将这种结合传统与现代的理念传递给学生和年轻的民间艺人，促进传统艺术的创新和发展。

3. 新生代年轻民间艺人根据当代文化生态创新民间美术

新生代年轻民间艺人了解市场需求，掌握现代数字媒体技术，是传统民间美术创造性转化的生力军，但其对乡村生活的认识不深入，不能全面保护与传承陕北民间美术，需要对传统进行进一步学习。

在对陕北民间美术资源现状的深入考察中，我们发现新生代年轻民间艺人的角色不容忽视。他们在传统艺术的基础上，根据当代文化生态进行创新，用新的文化价值观连接传统与现代，为陕北民间美术的传承与发展注入了新的活力。民间艺人如陈海莉、陈莲莲等，代表了新兴力量，他们的作品和活动在促进陕北民间美术的传承与发展中发挥着重要作用。

这些年轻民间艺人在创作上展现出了对传统技艺和形式的理解与尊重。他们在继承传统的基础上，结合现代审美和创作理念，创造出新颖的艺术作品。这些作品不仅保留了传统民间艺术的精华，还反映了现代社会的风貌和年轻一代的思想观念。

新生代民间艺人在推广和传播陕北民间美术方面采取了更为现代化和多元化的方式。他们利用数字媒体、社交平台等新兴渠道，将民间艺术介绍给更广泛的受众群体。通过这些平台，他们不仅展示了自己的艺术创作，还让更多人了解陕北民间美术的魅力。

年轻民间艺人在民间美术衍生品的创造上也表现出了极大的创新性。他们将传统艺术元素融入现代生活用品、装饰品等，创造出多样化的产品，既满足了市场的需求，也为传统艺术的传承和发展开辟了新的途径。这些衍生品不仅增加了陕北民间美术的经济价值，也为传统艺术的现代化应用提供了范例。

新生代年轻民间艺人通过在传统和现代之间进行创新和连接，不仅展现了陕北民间美术的活力和多样性，为传统民间美术的传承与发展提供了新的思路和可能性。在陕北民间美术资源的活态传承中，新生代年轻民间艺人能继承传统艺术，并不断地进行创新。这种做法体现了中华民族文化基因的活态传承和发展。这一过程不仅涉及对传统技艺和文化精髓的保护，还涉及对传统艺术形式和表达方式的现代化改造。

陕北民间美术，如剪纸、泥塑等，是陕北地区文化和社会生活的重要组成部分。这些艺术形式承载着丰富的历史信息和深厚的文化内涵。然而，随着时代的发展，单纯的传统复制已难以满足现代社会的文化需求。因此，陕北民间美术的传承人开始探索将传统艺术与现代元素相结合的创新路径。这种创新不仅体现在艺术风格和创作手法上，还体现在艺术主题和传播方式上。民间艺人尝试将传统技艺与现代设计理念相结合，创作出既有传统韵味又符合现代审美的艺术作品。

陕北民间美术的传承人和从艺者在传承与创新之间找到了平衡点，不断地为传统艺术注入新的活力。这种活态传承不仅使陕北民间美术在当代社会中保持了旺盛的生命力，还为中华民族文化的传承和发展做出了积极贡献。

陕北地区以陕北民间美术传承人为主体，进行原汁原味的静态保护、数字化资源建设等，以鼓励年轻传承人继承老一辈传承人的技艺。

老一辈原生态民间艺人、中年民间艺人、新生代年轻民间艺人在陕北民间美术资源的活态传承中都发挥了重要作用。他们的坚守和创新不仅是对传统艺术形式的保护，更是对过去乡村生活记忆的传承，他们对于促进陕北民间美术资源的活态传承和文化多样性的发展具有重要作用。

政府和相关文化机构在推动陕北民间美术资源的活态传承和发展中，对陕北民间美术的传承人和从艺者的支持显得尤为重要。这不仅需要政府和相关文化机构的政策支持和资源投入，还需要社会各界的关注和参与。建立文化保护项目、提供艺术创作和展示平台、鼓励跨代际的学习和交流，可以有效地支持陕北民间美术的传承人和从艺者进行艺术创作。

（二）陕北设计师的现状分析

1. 陕北地方高校设计师

陕北地区对陕北民间美术资源的开发与创新设计主要以延安大学和榆林学院的高校设计师生为主体。陕北地区政府依托本地高校的优质资源，在榆林学院设立陕北文化生态保护实验区研究基地，并先后开展生态区田野调查8次，开设生态区相关研究课程5门，使榆林非遗正式进入高校课堂。

延安大学鲁迅艺术学院艺术设计领域的培养方案要求将陕北地域文化融入现代设计创作与理论研究中，并以教学＋项目驱动的方式对陕北民间美术资源进行开发利用，如将子长市钟山石窟中的美术元素应用到文创产品中的设计中（图 2-6），运用绥德石狮元素进行文创产品的设计（图 2-7），还有将陕北民间美术中抓髻娃娃这一元素与当代审美意识相结合（图 2-8），设计出了各种生活日用品、服饰、装饰品等大众普遍使用的物品。现阶段陕北地方高校设计师对陕北民间美术资源的开发仍处于初级转化利用阶段，还没有进入高级创意性开发阶段。

图 2-6 子长钟山石窟美术元素的文创设计（作者赵志昊）

图 2-7 结合陕北绥德石狮元素进行的文创产品设计

图 2-8 结合陕北民间美术中抓髻娃娃这一元素设计出的文创产品

2. 陕北文化艺术企业的设计师

陕北文化艺术企业的设计师在陕北成长，他们对陕北文化热爱且熟悉，具有深入挖掘地方民间美术资源的天然优势。他们将传统元素与现代设计理念相结合，创造出既具有地域特色又符合市场需求的产品，使这些传统艺术以更符合现代审美和功能需求的形式呈现。例如，将传统剪纸技艺应用于现代家居装饰品中，既保留了剪纸精湛的工艺，又赋予其现代设计的新意。

设计师们通过跨界合作，将陕北文化艺术与现代科技、新材料和国际流行元素相结合，开发出新产品。例如，运用现代数字技术，将传统图案转化为数字图像，用于时尚服饰、数码产品等领域。这种跨界的设计不仅拓宽了陕北民间美术的应用范围，还使这些传统艺术形式能够更好地融入现代生活，激发了消费者的购买欲。

(三) 陕北文化艺术管理者的现状分析

陕北地区文化艺术管理人才是指在文化艺术领域内从事管理工作的人才，他们负责规划、组织、协调和控制文化艺术项目的运营和发展。这些人才通常需要具备一定的专业知识、管理技能，并对当地文化艺术特色有深入了解。陕北地区的企事业单位的文化艺术管理人才是陕北民间美术资源进行有效推广的关键因素。在现阶段，陕北部分文化艺术管理者对新的文化艺术管理模式和技术不够熟悉，存在高层次人才短缺、基层人才过剩的情况，某些地区或艺术门类缺乏专业的运营管理人才。陕北地区相关部门要对陕北文化艺术运营管理人才实施内培外引政策，要在陕北地方高校设置陕北文化艺术运营管理专业，积极开展文化艺术运营管理讲座，提高现有文化艺术管理人才的专业能力和理论水平。延安市政府已在陕北绥德贺家庄村建立了陕北文化艺术创业基地，并创办了相关的人才提升班，这有助于培养更多的文化艺术管理人才。陕北地区正在积极培养和引进文化艺术管理人才，以支持当地文化艺术事业的发展。

(四) 陕北文化艺术企业的现状分析

现阶段对陕北民间美术资源进行开发的大部分是陕北民间美术的传承人、从艺者，他们既掌握着陕北民间美术的技艺，又具有一定的传统经营能力，但他们所创办的企业规模并不大，并且他们对现代经营理念认识不深，不能很好地对陕北民间美术资源进行有效的推广。

有少部分陕北文化艺术开发企业运营状况较好。例如，陕西省安塞区黄土文化产业开发有限公司以"创立黄土文化品牌，打造特色文化产业"为目标，依托陕北黄土文化资源，对安塞民间文化艺术资源进行保护、挖掘、利用，先后投资400多万元，精心打造了安塞腰鼓、剪纸、农民画和陕北民歌等文化品牌。该企业近几年开发出30多种文化产品，累计创收500多万元，同时成功举办了安塞剪纸大赛、千人腰鼓表演、陕北民歌大赛、"陕北过大年"摄影大赛等30多场活动。此外，该企业每年还组织1000多名腰鼓手到外地进行腰鼓表演和示范培训，8名剪纸艺人赴10多个国家表演献艺，10多位民歌手参加各地电视台的文艺演出。全区建立起一支包括34000多名民间艺术人才，6686个骨干艺术人才和老、中、青三结合的文化艺术人才队伍。2005年，安塞县（现为安塞区）被陕西省文化厅授予"全省文化产业示范基地"。

康明斯（中国）投资有限公司投资开展延川布堆画女性赋能项目，旨在通过布堆画产业的发展，促进陕西省延川县及周边地区女性经济发展，改善实施地妇女生活状况，加强妇女和妇女组织的自我发展。延川布堆画女性赋能项目目前已帮扶2000余名妇女增收，帮助她们改善了家庭生活状况。

项目通过和联合国开发计划署、中国国际经济技术交流中心、上海莘昱团队与当地政府、妇联合作，走访延川、安塞两地，深入发掘布堆画文化基因，寻找验证布堆画产业可持续发展的经济模式，打造了"黄土高原上的补丁艺术"文化品牌，并结合布堆画非遗特色，打破大众对传统民俗的刻板印象，从美学传播、文化弘扬、乡村振兴三个角度实现社会价值与商业目标的共融发展。

陕北民间艺人作为保护与传承陕北民间美术文化的主体，积极参与陕北民间美术资源的开发与创造，以陕北设计师、开发者和文化企业为开发与创造的主体，积极参与陕北民间美术资源的保护与传承的良性循环格局。

第三章　陕北民间美术资源
当代发展态势

第一节　陕北民间美术资源的静态保护

文化遗产是人类的生命记忆，是人类创造力产生的精神源泉。保护人类共有的文化遗产，是实现人类文明延续和可持续发展的必然要求。

一、延安民间美术资源的静态保护概况

延安市在静态保护民间美术资源方面采取了多项措施，以确保这些珍贵的文化遗产能够得到妥善的保存和传承。

延安市建有博物馆，各县区都建立了非遗陈列馆等场馆，为保护、研究和展示陕北地区的民间艺术提供了平台。延安市安塞区文化文物馆是该地区重要的文化遗产保护机构之一，它不仅展示了当地的历史沿革，还陈列了大量的陕北民间美术作品，并定期举办各种形式的展览和教育推广活动，提高公众对民间美术的认知度，激发人们对传统文化的兴趣。

延安市积极参与国家及地方层面的非物质文化遗产项目的申报工作，有国家级民间美术类非遗项目 3 个、省级民间美术类非遗项目 23 个、市级民间美术类非遗项目 53 个。陕北民间美术的各种艺术形式都已成为国家、省、市、县级非物质文化遗产。延安市政府通过立法手段加强对民间美术资源的保护力度，打击非法复制、销售等行为，维护传承人和从艺者的合法权益。延安市已经成功入选全国民间文艺版权保护与促进试点地区，延安市政府应引导民间艺人对其作品申请著作权登记，以便更好地保护原创性作品。

随着当今科技的发展，延安市非遗相关部门也逐步推进了民间美术资源的数字化工作，通过高清扫描、三维建模等方式将实物转换成数字资料，便

于长期保存和广泛传播。如吴起县对糜粘画工艺的每个环节及细节都进行了录制并建档保护，还对已有的艺术品进行专业修复，并实施适当的保管措施，以防止其损坏和老化。

延安市政府组织专家、学者编写关于延安民间美术的研究书籍、教材、图册以及相关文献资料，系统地记录和介绍这一领域的知识和技术。志丹县高度重视非遗保护项目的申报工作，每年坚持对全县非遗项目进行再挖掘、再整理，精心挑选重点项目逐级申报，健全保护名录体系，提高保护水平。2017年以来，志丹县先后完成了"志丹剪纸""志丹传统庙会"等非遗项目视频、图文资料的制作。安塞区文化文物馆相继出版《安塞民间美术精品》《安塞民间绘画新作集》《陕西剪纸》（延安卷）等图书，并加强与高校、研究机构的合作，开展针对延安民间美术的研究项目，加深对民间艺术价值的认识，并制定科学的保护策略。

二、榆林民间美术资源的静态保护概况

榆林市以非遗重点项目为引领，推动非遗常态化传承，让陕北文化的独特魅力通过生态区建设得到进一步彰显。榆林市在静态保护民间美术资源方面采取了多种措施，以确保这些宝贵的文化遗产能够得到妥善保存和传承。

榆林市建有非遗博物馆，各县区设立非遗陈列馆，对于已有的民间美术作品进行专业的修复工作，防止其进一步损坏。博物馆采取适当的保管措施，比如控制存储环境的温度、湿度，防止虫害等，以延长艺术品的寿命；定期举办专题性的展览，向公众介绍和推广当地的民间艺术；大力将"博物馆打卡地"融入旅游产业，打造特色文化旅游线路；通过旅游活动带动陕北民间美术的发展，同时增加农民的经济收入；将非遗进校园的宣传性活动转变为在大、中、小学开设民间美术课程，培养年轻一代的兴趣和技能；通过媒体宣传、网络平台等方式普及民间美术知识，增强社会对传统文化的认识和尊重。

榆林市通过文字、图片、视频等多种形式记录民间美术作品及其相关信息，包括制作技艺、文化背景等，并建立数字化的资料库，便于长期保存和便捷访问。榆林市政府邀请专家学者通过实地调研、学术研讨等形式，抢救了一批濒危项目。同时，通过数字化及新媒体技术对重点代表性传承人的特殊技艺进行抢救性记录。榆林已建成陕北文化研究专题资料室，常态化进行

学术报告、专题培训等。榆林市政府与榆林艺术学院、研究机构合作，委托相关学者对传承人的艺术创作和生活经验进行系统性的记录和研究，包括对传承人创作技艺的记录和对民间美术的文化内涵、历史背景的深入挖掘和学术阐释。通过出版专著、制作纪录片、举办展览等方式，人们可以更广泛地传播陕北民间美术文化，加深学术界及公众对这一领域的认识。专家、学者先后开展生态区田野调查 8 次，开设生态区相关研究课程 5 门，出版陕北文化研究专著 200 余部，发表陕北文化学术论文 60 余篇，举办陕北文化学术报告、专题培训 80 余次，为生态区的建设研究提供了坚实的理论基础，并通过科学研究，探索更有效的保护方法和技术。

榆林市政府将具有代表性和独特价值的民间美术项目申报为市级、省级乃至国家级非物质文化遗产；制定和完善地方性法规，加强对民间美术资源的法律保护，打击非法复制、盗版侵权行为，维护传承人和从艺者的合法权益；支持民间艺人对其创作的作品申请著作权登记，通过知识产权保护，促进原创作品的健康发展。

陕北地区对文化遗产的静态保护向精准化、广泛化、持久化方向发展，旨在保护好祖先的智慧、祖先的审美，让更多的人更深入地了解中华民族的文化底色、中华民族的思考方式与审美方式，从而确保中华文明的文化基因永不断流。

第二节　陕北民间美术资源的活态传承

一、原态文化生存空间是活态传承的根基

陕北民间美术文化反映了早期文化信息并维系着最本原的文化根基。陕北民间美术资源的活态传承不仅是艺术形式的延续，更是一种深厚文化根基的保持。这些文化元素不仅在历史上有重要的意义，而且在现代社会中仍然具有重要的文化价值和实践意义。

为了确保这些文化信息能够有效地传承下去，我们必须合理且有效地保留原始的文化生存空间。这意味着在现代化进程中，我们应当注意保护那些与陕北民间美术密切相关的自然环境、社会风俗和生活方式，它们不仅为传承人提供了创作灵感，也确保了传承人不会脱离现实生活和文化土壤。在这

方面可以借鉴山西省吕梁市碛口古镇的做法。山西省吕梁市碛口古镇在现代化进程中，保护了原有生态居住环境，通过当地居民俭朴的生活、传统古朴的建筑，映射出当地的风俗人情，而不是将当地居民全部迁出，仅剩下翻修后的建筑，他们成功地传播了黄河文化和晋商文化故事。因此，我们应在保护当地原有生态环境的前提下，充分挖掘文化资源，以文旅融合的方式推动优秀传统文化创造性转化和创新性发展。

二、原样保护是活态传承的核心

陕北民间艺人的创作构思、工艺流程及创作的文化空间、人文环境都会受到当时的社会环境的影响，因此，陕北民间美术资源的活态传承的关键在于保护传承人及文化土壤。

陕北民间美术作为一种深植于我国北方地区的传统艺术形式，是通过代代相传、口传身授的方式得以延续和发展的。这种传统的传承方式凸显了非物质文化遗产保护的核心——活态传承。在这一过程中，老一辈的民间艺人扮演着至关重要的角色。他们不仅是技艺的传承者，更是传统民俗文化记忆的守护者，他们的艺术创作和生活经验是连接过去与现在的重要纽带，是原样保护的关键。因此，对于老一辈高龄的传承人，政府及相关学者的抢救性保护与记录工作显得尤为重要。这不仅是对个体艺术家的尊重和保护，更是对整个民间美术文化的传承和保护。延安市、榆林市政府已制定相应的政策，对高龄传承人进行重点保护。这些政策包括提供必要的生活和医疗保障，确保他们在良好的条件下继续他们的艺术创作和传承工作，此外，通过财政补助、荣誉奖励等方式，提高传承人的社会地位和影响力，以增强他们继续传承的信心，从而促进传承人将古老的技术、技艺完整地传授给后人。

在陕北民间美术资源的活态传承中，传承人对于文化传统的坚守是至关重要的，他们不仅是技艺的传授者，更是民族文化自信的重要载体。传承人对陕北民间美术文化的坚守，依赖于他们对该文化的深深热爱和执着的匠人精神。老一辈传承人虽然在坚守，但年事已高，政府正积极进行抢救性保护；中年传承人是坚守的主力军，政府为其提供了创作空间、资金支持等，确保他们能够专注于艺术创作和传承活动。此外，政府应加强对传承人的人文关照，帮助他们更深层次地理解陕北民间美术的文化内涵，包括组织专业培训、研讨会和文化交流活动，让中年传承人、民间艺人有机会与其他艺术家和专家进行交流和学习。这些活动不仅能提升民间艺人自身的艺术造诣，还能促进他们更好地理解和阐释陕北民间美术的文化内涵。

在陕北民间美术资源的活态传承中，青年传承人必须深入学习老一辈传承人的传统技艺和艺术精神，不仅包括学习技艺本身，还包括对其背后文化内涵和历史背景的理解。通过工作坊、师徒制等形式，青年传承人可以实现技艺和知识的直接传承。政府或相关部门组织中青年传承人参加展览、比赛和交流活动，也有助于提高他们的技艺水平。

青年传承人在学习传统技艺的同时，需要探索将陕北民间美术文化与现代生活相结合的方式。这意味着他们不仅要在技艺上传承，还要在文化及艺术审美上进行创新。例如，可以尝试将传统剪纸艺术与现代设计、数字技术结合起来，开发出新的产品和服务，使传统文化更贴近现代人的生活和审美。目前，以陈莲莲、陈海莉为代表的青年民间艺人正在积极进行原样保护传承并创新发展工作，但还处于创新的初级阶段。

当代青年传承人应致力于维持陕北民间美术资源与本土生活的紧密联系，包括参与当地的节日庆典、民俗活动，以及在社区教育活动和文化普及活动。这些活动可以加强社区成员对陕北民间美术文化的认同感和归属感，也可以为年轻一代提供接触和学习传统文化的机会。

将非遗文化与现代生活相结合是增强陕北民间美术生命力的有效途径。例如，将陕北民间美术融入现代设计中，开发具有民族特色的生活用品、装饰品等，这样不仅能提高非遗文化的市场吸引力，还能让更多的人在日常生活中感受到传统文化的魅力。

陕北民间美术资源的活态传承需要政府、学者、教育机构和社会各界的共同努力。对高龄传承人的保护及对其艺术创作的记录和研究，以及对中青年一代传承人的指导与帮助，可以有效地保护和传承民间美术资源，使之在新时代焕发出新的光彩。

三、广泛普及非遗知识，增强全民传承意识

在陕北民间美术资源的活态传承中，增强全民保护与传承的意识是确保非遗文化得以持续发展的关键。随着中华民族的不断发展强大，民族文化的传统精神本源显得越发重要。

普及非遗知识是增强公众对传统文化重要性认识的基础，包括通过教育

体系、媒体宣传和公共活动来传播非遗相关知识。延安市、榆林市非物质文化遗产保护相关单位都在积极宣传优秀文化遗产，并已将非遗教育纳入课程体系，让学生从小学一直到大学都能够接触本土的非遗文化。此外，非遗保护相关单位还利用电视、网络、社交媒体等多种渠道，向公众普及陕北民间美术的历史背景、艺术价值和传承意义；举办了各类非遗文化节、展览和讲座，以激发公众对非遗文化的兴趣，提高其参与度，并鼓励社区和民间机构积极参与非遗文化的保护和传承工作，以形成全民参与的良好氛围。

非物质文化遗产是祖先为后人留下的宝贵财富。《中华人民共和国文物保护法》规定，保护非遗要确保其真实性，不能随意改动非遗的内涵、技艺，这需要非遗传承人遵循活态传承绝对"原样"。中国艺术研究院苑利教授认为，非遗传承人应在传承中确保遵守非遗本样，非遗的创新之事则应交给"开发商"。如果混淆了分工，则很可能无法很好地保护非遗的原态，创新发展也无法推陈出新，从而导致非遗失去原有根脉。

第三节　陕北民间美术资源的匠心创造

随着文化产业的快速发展，我们将陕北民间美术资源进行现代化转化，不仅能够保护和传承这些宝贵的文化遗产，还能够促进当地经济的发展。陕北民间美术资源的开发处于活态传承阶段。因此，我们应通过匠心创造激发民间艺人的参与积极性，并将陕北民间美术资源分派给设计师、开发者和企业，以实现文化和经济的双赢。

一、激发陕北民间艺人参与的积极性

（一）民间艺人的核心地位与创造力

民间艺人在中华文化的传承和发展中扮演着不可或缺的角色，他们既是古老传统文化的守护者，也是民俗文化璀璨光芒的传承者。这些艺人往往未经过正规艺术教育，只是依靠对家乡深沉的情感和对传统的热爱与崇敬掌握了一技之长，如剪纸、泥塑、面花和柳编等，每一种技艺都是中华民族历史文化和智慧的结晶。面对现代化进程带来的挑战，这一群体在生计和技艺传承方面陷入前所未有的困境，特别是年轻一代，他们对传统技艺的兴趣和传承意愿明显降低了，这导致许多老一辈民间艺人对未来感到担忧。尽管如此，老一辈民间艺人对传统文化的热爱和执着从未改变。他们深知自己的工艺不仅是生存的手段，更是对祖先智慧的敬意和对故土的深情。这种深层的情感纽带激励着他们无论面临何种困难都要不断传承和发展民俗文化。他们的存在和努力，不仅保持了传统文化的连续性，也为传统文化在现代社会中的创新和复兴提供了肥沃的土壤。在民间艺人的手中，传统技艺得以在现代文化环境下焕发光彩，证明了其跨越时空的生命力和创造力。民间艺人不仅是传统文化的守护者，更是文化创新和社会发展的重要推动者，他们的工作和贡献是对中华民族文化遗产不断活化和丰富的生动体现。

（二）激发民间艺人的创造潜能

为了促进民间美术资源的匠心创造，我们必须激发和保护民间艺人的创造潜能。这就需要给他们提供充分的创作空间和物质支持。政府和相关机构应制定和实施支持性政策措施，鼓励和促进民间艺人参与民间美术资源的匠心创造。

1. 提供财政补贴和资金支持

近年来，陕北地区通过提供财政补贴和资金支持等方式，已经成功地减轻了许多民间艺人的经济压力，使他们能够更加专注于艺术创作。延安市政府近年来推出了"民间艺术振兴计划"，该计划旨在通过提供资金援助和技术支持，帮助当地的剪纸、泥塑传承人进行艺术创新和作品展示，这大大激发了陕北民间艺人的创作热情，并成功地将剪纸和泥塑艺术带入了公众的视野。

2. 建立市场导向机制

陕北地区还建立了市场导向机制，通过市场调研，深入了解消费者的偏好与需求。以安塞区农民画为例，政府部门通过组织展览会和文化节，收集市场反馈信息，指导当地民间艺人调整创作方向，使这些充满陕北特色的农民画作品更加符合现代消费者的审美需求，从而成功打入国内外艺术品市场，提高作品的商业价值和文化影响力。

3. 创造展示和交流机会

为民间艺术创造展示和交流的机会也是激发民间艺人参与积极性的重要方式。通过艺术节、展览会等，民间艺人得以展示其作品，提高社会影响力，并可以与其他艺人进行交流和互动。这种交流不仅有助于促进艺术的多元化发展，还为艺人本身的创造思维和技术创新提供了新的灵感和可能性。这种互动和碰撞不应仅限于艺术领域内部，还应扩展到跨学科领域，进行跨地域、跨文化的艺术交流与合作，以促进更为广泛的创意思维和创新实践的发展，从而促进陕北文化的国际化传播。

4. 提供培训和教育

组织专业化的培训和教育项目，不仅要教授传统技艺，还要包括新技术和新材料的使用，从而为民间艺人提供更多的创作思路。通过这种方式，民间艺人可以将传统技艺与现代创作理念和技术相结合，进而拓展其艺术表达的范围。

5. 确保知识产权保护

保障民间艺人的知识产权不仅能够确保他们的创作成果得到应有的认可并获得一定的经济回报，还能够激励他们持续进行艺术创作。加强知识产权保护，尤其是在全球化和数字化时代背景下，意味着要建立一套既能反映民间艺术特殊性又能适应国际法律框架的保护机制，从而为艺人提供一个安全的创作和发展空间。

二、陕北民间美术资源的创新性发展分派给设计师、开发者和企业

设计师在将陕北民间美术资源进行现代化转化的过程中扮演着桥梁和催化剂的角色。他们通过自己的创意和专业知识，能够将传统文化艺术形式转化为现代社会所需要的设计语言和产品。创意开发能力是文化资源供给的决定因素。陕北民间美术资源可以直接被用来供消费者观光、鉴赏、收藏、学习和娱乐。文化资源作为投入要素，生产和供应方要从中提取精神要素和文化意义，从而进行重新设计、组合和转化，形成丰富多样的文化产品。从这一方面来说，文化资源存量虽然是有限的，但是对文化资源精神内容的开发可以形成丰富多样的产品。此时，人们对文化资源进行利用和开发的能力，决定了文化遗产相关产品和服务提供的规模和水平。第一，人们开发与设计的水平决定了对陕北民间美术资源价值发现的能力，深刻影响对潜在的陕北民间美术资源的供给量。第二，人们的开发设计能力提高了，可以有效扩大陕北民间美术资源的使用范围。

（一）设计师对文化的理解与再创造

在文化理解与再创造方面，陕北的设计师们通过对陕北地区丰富的民间美术资源进行深入研究，例如剪纸、农民画、刺绣等，充分理解这些艺术形式背后的文化故事和表现技巧。以陕北农民画为例，设计师不仅要复制其视

觉元素，还要通过对其文化内涵的深入挖掘，将农民画的色彩、图案和故事融入现代服装设计、室内装饰及产品包装等领域，使这些传统艺术得以在不同的现代生活场景中绽放新光彩。设计师通过现代科技手段，如数字动画技术，将传统剪纸艺术转化为动画短片或互动艺术装置，既保留了剪纸的传统美学特征，又增加了互动性和娱乐性，使这种传统的艺术形式能够以全新的方式出现在公众视野中，从而吸引更多年轻人的兴趣和关注。

（二）陕北民间美术资源分派给开发者

开发者在技术实现和产品开发方面发挥着关键作用，他们通过应用新技术和开发新工具，使陕北民间美术资源的数字化、智能化转化成为可能。

1. 技术创新与应用

在技术创新与应用方面，陕北地区的开发者积极探索将现代信息技术应用于传统民间美术的数字化处理和创新路径。例如，利用虚拟现实技术重现陕北面花，不仅让观众能够在虚拟空间中感受到传统面花的魅力，还能使其通过互动方式了解面花背后的文化故事和制作技巧。人工智能技术的应用也为陕北民间文化的发展注入新的活力，如通过算法分析陕北民间音乐的旋律特点，再创作出新的音乐作品，这不仅保留了陕北民间音乐的传统韵味，还赋予了其新的艺术生命。

2. 产品开发与市场拓展

在产品开发与市场拓展方面，开发者通过创造与陕北民间美术密切相关的新型产品，如应用程序、互动游戏和在线文化平台，有效地吸引了更广泛的用户群体。例如，以陕北农民画为主题的互动教育游戏不仅让玩家在游戏中学习农民画的历史和技艺，还能自己尝试创作，极大地提高了用户对陕北农民画及其文化背景的兴趣和认知。通过这样的应用程序和在线平台，陕北的民间美术资源得以跨越时间和空间的界限，触达全球用户，从而推动陕北文化消费市场的发展。

（三）陕北民间美术资源分派给企业

企业作为资源整合和市场运作的重要载体，对于陕北民间美术资源的商业化转化和品牌建设具有决定性作用。

1. 资源整合与品牌建设

例如，安塞区黄土文化产业开发有限公司成功地将陕北剪纸、农民画等民间美术资源与现代设计理念相结合，开发出一系列既保留传统元素又兼具现代审美的文化创意产品。通过与本地艺术家和工艺师的紧密合作，该公司不仅促进了传统手工艺的传承，也创造了独特的品牌形象，这些产品迅速在市场上获得了认可，成为传播陕北文化的重要载体。

2. 市场运作与经济价值

在市场运作与经济价值实现方面，陕北地区的企业通过精准的市场定位和有效的营销策略，成功地开拓了国内外市场。如有的企业专注于将陕北民间音乐和舞蹈融入旅游产品和文化体验活动中，不仅吸引了大量的游客前来体验，也极大地促进了当地经济的发展和人们就业。通过与在线平台合作，该企业实现了文化产品的线上销售，有效扩大了市场覆盖范围，同时提高了消费者对陕北文化的认识和兴趣。

陕北民间美术资源的匠心创造和现代化转化，不仅能够保护和传承宝贵的文化遗产，还能促进地方经济的发展，增强文化自信。激发民间艺人的参与积极性，以及科学高效地将资源分派给设计师、开发者和企业，可以实现文化和经济的双赢，为构建生态文明社会做出贡献。

陕北民间美术资源在多元化发展趋势下，通过将静态保护、活态传承、匠心创造有机结合，形成多元化、立体式的传承发展架构。传承人、政府、社会团体、学校要共同担负起将陕北民间美术资源的保护、传承、创造有机结合的使命。政府及相关部门要正确地引导与培养陕北民间艺人不同的审美价值取向，形成百家争鸣、百花齐放的民间美术生态环境。

第四章　陕北民间美术资源助力乡村特色文化产业发展

陕北民间美术资源有着深厚的文化底蕴和独特的地域特色，不仅在美学上具有独到之处，而且在实用性上满足了人们日常生活的需求。陕北的剪纸、泥塑、面花和编织工艺等都是深植于陕北人民生活的艺术表现形式，不仅装饰了陕北人的家园，也丰富了他们的精神文化生活。

对陕北民间美术资源的利用包括区域文化资源配置、产业开发等。经济利用的核心问题是对民间美术资源的文化价值加以提取、开发和转化，形成特定的产品和服务，以满足市场的需求，并获得良好的经济效益。陕北民间美术资源因其独特的地方特色和精湛的手工艺，已成为市场上具有代表性的文化商品。在现代市场经济条件下，陕北民间美术资源的商业潜力逐渐被挖掘出来。通过现代营销手段的引入，如电子商务平台和文化展览会，陕北民间美术资源正逐步走向国内外市场，不仅促进了陕北地方经济的发展，还促进了陕北文化的传播。

随着文化产业的兴起，陕北民间美术资源也开始被视为重要的产业资源。将陕北民间美术资源转化为产业资源，对于推动地方经济发展、增强人们的文化自信具有重要作用。对陕北民间美术资源的系统性开发与推广不仅可以为民间艺人提供更多的就业机会，还能够吸引更多的文化旅游投资。例如，榆林市通过举办各种民间艺术节和工艺展览，有效地将当地的民间美术资源转化为吸引游客的文化产品。此外，陕北民间美术的传播与推广，通过教育和培训项目也在不断地激发青年一代对传统文化的兴趣。这种教育和市场运作相结合的模式，不仅使陕北民间美术资源成为活跃的经济资源，还提高了其在现代社会中的影响力。

对文化遗产完整性、历史性和原真性的保护，是对陕北民间美术资源利用与开发的前提。对陕北民间美术资源的经济开发必须遵循国家相关文物保护法的规定，重视对文化资源的保护，不能因为追求经济效益而忽视或者减少对文化资源的保护和维修投入。只有在资源可持续发展的条件下，人们才能正确评估一个文化遗产开发项目的社会效益和经济效益，实现对文化遗产的科学合理开发。

第一节　陕北民间美术资源的产业化分析

20 世纪三四十年代，文化产业作为一个概念是法兰克福学派在批判"文化工业"中提出的。[①] 我国出现文化产业是在改革开放以后。21 世纪初，党的文献中正式提及"文化产业"。法国学者布迪厄在《资本的形式》（1986年）提出"文化资本"，将其与经济资本和社会资本并称为资本的基本形态，并认为文化资本中的"体制状态"是文化资本实现良性经济增长的有效保障。

民间艺术产业作为特色文化的组成部分，是以乡村为发展空间载体，以民间特色艺术为文化内容，以农民为主体参与者，形成民间艺术的生产和销售、分配和消费系列工业化行为的，并按照商品经济规律展开民间艺术创作。一般来说，经济效益是主要的目标内容。[②]

根据 2014 年文化部发布的《关于推动特色文化产业发展的指导意见》，民间艺术产业化发展已经成为促进农村经济增长的重要措施。2018 年，中共中央、国务院在农村扶贫工作的基础上，发布了《乡村振兴战略规划（2018—2022 年）》，对农村建设提出了生产、生活、生态、文化为一体的功能要求。

在乡村振兴发展背景下，陕北民间美术产业机制构建的内涵主要有以下三个方面。

第一，陕北民间美术产业作为文化产业的一个重要组成部分，涵盖了一系列传统技艺和艺术形式，其特点和运作机制具有独特性。首先，这类产业多围绕着传统剪纸、刺绣、面花、雕刻等内容展开。这些艺术形式深植于陕北乡村社会的文化生态土壤中。陕北文化生态因其深厚的历史性、活态的传承性和区域代表性，被公认为我国的一个典型的区域文化类型，具有陕北的

---

① 胡惠林. 文化产业学 [M]. 北京：高等教育出版社，2006：8.

② 黄鸣奋. 关于艺术产业及其定位的思考 [J]. 宁波广播电视大学学报，2007（4）：1-7.

地方特色和民族风情。其次，陕北民间美术产业的运行和发展以乡村为主体平台，其生产和服务方式与城市文化产业有所不同。在这些地区，文化活动和产品生产更多依赖于本地资源、传统技艺和村民参与。这种模式使民间美术产业既能弘扬传统文化，又能与当地乡村的生活方式和文化需求密切结合。这类产业的市场范围和发展空间可能受到地理位置和社会环境的影响，但陕北民间美术产业在文化产品生产和文化服务方面具有独特性，产品的生产往往依托于传统手工艺技能和本地原材料，强调手工制作的独特性和艺术价值。如志丹、吴起、横山等手工刺绣鞋垫不仅是当地民众日常使用的生活用品，还是馈赠亲友的非遗礼品，每副手工鞋垫市场售价在 100—200 元；黄陵、洛川的面花不仅是当地民众祭奠祖先的祭品，还是生活中各种喜宴的最佳馈赠礼品，每个面花市场售价在几十到几百元之间；吴起的纯羊毛地毯制作精美，采用订单式销售的方式远销国外，每个地毯市场售价在几千到几万元之间，其生产、经营模式成为当地非遗生产性保护的示范。陕北乡村民间美术产业在提供产品之外还提供文化服务，如技艺展示和沉浸体验，更强调与观众的互动和文化体验，这种服务方式使文化活动更具参与性和体验性。

第二，在农民主导的民间美术产业中，农民不仅是文化创作和生产的核心力量，还是整个艺术产业链条中的关键参与者。他们的角色不仅局限于艺术创作本身，还涵盖了从原材料的采集、产品的生产到最终销售的整个过程。农民对传统文化和技艺的深刻理解，使他们在民间艺术品的创作过程中能够将传统元素与现代审美完美结合，创造出既具有传统特色又符合市场需求的文化产品。农民在民间美术产业中的主导地位，意味着他们需要参与美术产业机制的各个层面。这不仅包括美术作品的生产和销售，还包括市场调研、产品定位、品牌建设等环节。通过直接参与市场和销售环节，农民能够更好地理解市场需求，及时调整生产策略，从而提高产品的市场竞争力。农民在美术产业机制的监控评价中扮演着重要角色，他们对产品质量的监督、对市场反馈的响应以及对生产流程的优化建议，对整个产业的健康发展至关重要。要确立农民在民间美术产业中的主导地位，需要解决一系列问题。首先，农民通常缺乏必要的市场知识和营销技能，这在一定程度上影响他们在市场竞争中发挥作用。其次，文化产业的市场运作往往复杂多变，需要农民不断提升自身能力以适应市场需求的变化。最后，保障农民在民间艺术产业中的权益，需要政策支持和建立有效的机制，以鼓励农民积极参与和持续创新。可将综合能力较强的农民作为产业开发的主力；在产品创意、开发和推广方面，也可以按照专业性进行分工。

第三，政策制度在推动陕北民间美术产业与农村经济良性发展方面扮演着至关重要的角色。政策制定应致力于创造一个有利于农村文化产业发展的环境，不仅包括提供必要的财政支持和税收优惠，还包括建立促进文化产品创新和市场推广的平台和机制。这些政策措施有助于激发农村地区民间美术的生产潜力，使之成为推动地区经济发展的重要力量。制定农村生态环境的保护与开发政策对于民间艺术产业发展尤为关键。许多民间艺术形式与特定的自然环境及传统生活方式密切相关，因此保护生态环境不仅有助于保持这些艺术形式的原生态特征，也为其可持续发展提供必要条件。政策制定需要平衡生态保护和文化产业发展之间的关系，确保人们在开发利用自然资源时，不破坏农村的生态环境。此外，建立针对农村文明环境的保障机制也至关重要。这包括制定和实施保护传统文化和乡土风情的法规，以及提高农村居民对文化遗产价值的认识，增强其保护意识。加强农村文化教育，深化农民对民间艺术重要性的理解，可以有效地促进文化产业的发展和对文化遗产的保护。

第二节　陕北民间美术资源与乡村振兴效应

一、陕北民间美术资源产业化发展状况调研

（一）经济要素方面

在探讨陕北民间美术资源产业的发展与农户经济福祉之间的关系时，一个关键的观察点是农民对民间美术产业化和商业化趋势的看法。从经济学角度来看，民间美术产业的兴起被视为一种有效的地区经济发展策略，它能够通过创造新的就业机会、促进艺术品的销售以及发展旅游业来刺激当地经济发展。

多数农民认同民间美术资源产业机制对于促进本村脱贫致富的积极作用。这一观点主要出于三个方面的考虑：首先，通过形成创作合作社，民间手工艺人能够集中资源，提高生产效率，从而增加收入；其次，艺术型乡村旅游

的发展带来了额外的收入，不仅促进了艺术品的销售，还带动了周边农副产品市场的发展；最后，这些活动也有助于提高村庄的知名度和吸引力，为长期的经济发展奠定基础。然而，在民间艺术产业化和商业化的背景下，农民对于家庭收入和就业机会的增加持观望态度。农民的担忧还包括对艺术产业化可能导致的社会和文化变迁的不适应，以及对传统生活方式改变的抵触。农民对艺术产业化收益分配的问题表达了明显的不满情绪。他们不同意将收益主要分配给投资者的做法，认为这种分配方式不公平，会导致贫富差距的加大。农民的这种想法体现了其对经济发展成果公平分享的渴望，以及对社会公正和平等的关注。

虽然农民反对当前的收益分配方式，但他们似乎难以提出更为合理的解决方案。这种困境反映了农民在面对复杂的经济和社会问题时的能力有限，以及对于现代市场经济运作规则的不熟悉。随着民间艺术产业在农村经济中地位的提升，农民对于生活成本增加的担忧也日益增强。这种担忧基于对经济发展与生活质量之间复杂关系的直觉理解。虽然民间艺术产业的发展可能增加了一部分人的收入，但也可能导致生活成本的增加，如住房、食品和服务的价格上涨，这对于收入水平较低的农户来说可能构成负担。

农民对于民间艺术产业的发展有自己的看法，他们认识到了民间艺术产业在促进经济发展和改善生活条件方面的潜力，并对收益分配不公、生活成本增加和社会文化变化等问题表示担忧。这反映了农民对经济变迁中的机遇和挑战的深刻理解，以及他们在面对快速变化的社会经济环境时的不安和矛盾情绪。

(二) 生态要素方面

在乡村振兴的宜居和生态要素评价中，农民对艺术产业化在改善乡村基础设施和整体环境方面持肯定态度。然而，他们强调了对自然生态环境的保护、对乡村团队协作以及对和谐生态环境营造的必要性。这指向了民间艺术产业化运作方式的调整和优化需求。

1. 对乡村宜居性的影响

农民普遍认为，艺术产业化有助于改善乡村基础设施和整体环境。这主要表现在改善交通、住宿、卫生等设施方面，以及提高公共空间的功能性方面，从而使乡村地区更加宜居。艺术产业化可以带动当地经济的发展，增加政府对基础设施建设和公共服务的投资。

2. 对自然生态环境的影响

艺术产业化必须考虑对自然生态环境的影响。农民对可能造成的环境污染、自然资源过度开发和生态平衡被破坏等问题表示担忧。因此，艺术产业化的发展需要遵循适度开发的原则，确保生态环境得到保护并可持续发展。

3. 重点关注有利于乡村团队协作的和谐生态环境

部分农民认为民间艺术产业化只有少数人掌握核心技术，他们具备突出的创作能力，认为这样会加大乡村贫富差距，不利于乡村整体和谐发展。因此，艺术产业化应促进乡村成员间的团队协作，包括建立良好的工作关系、促进乡村成员间的有效沟通，以及建立共享资源和利益的机制。

4. 适宜的民间艺术产业化运作方式

艺术产业化的进程中存在简单发展的现象，很多农民虽然由此尝到短利，但长期效益有待进一步提高。应不断增加农户家庭收入和拓展收入渠道，如传统剪纸艺术，农民认为剪纸是生产生活之余的活动，用于游戏、装饰、祭祀等，对剪纸传统纹样与现代生活方式的融合缺乏清晰的认识。

为了实现艺术产业化的可持续发展，我们需要采取适宜的运作方式。这涉及如何平衡经济增长与环境保护、如何确保社区成员的利益得到合理分配，以及如何维护乡村社区的社会和谐。运作方式的选择应基于全面的社会、经济和环境影响评估。在艺术产业化的过程中，我们要综合考虑宜居和生态要素，在追求经济效益的同时，关注居民的生活质量和对自然环境的保护。只有在经济、社会和环境三方面获得平衡时，艺术产业化才能真正促进乡村的全面振兴和可持续发展。

(三) 乡风要素方面

在当代社会，乡村地区的文化和社会风貌正在经历着显著的变迁。其中，民间艺术产业化的发展在这一过程中扮演着关键角色。农民普遍看好民间艺术产业化对于传承民间习俗、民间艺术以及手工技艺的作用。这不仅反映了人们对传统文化价值的重视，也体现了人们对文化遗产保护的积极态度。

民间艺术的产业化使一些濒临消失的手工技艺和艺术形式得到了复兴。例如，某些地区的传统编织、陶瓷制作或民间绘画等，因为产业化的推动而再次成为人们关注的焦点。这不仅加强了当地居民对自身美术技艺的认同，还为更广泛的社会群体提供了接触和学习这些艺术形式的机会。然而，农民们对于民间艺术产业化在促进创新思想和加强与外界交流方面的效果持保守态度。他们认为，虽然民间艺术的商业化能够提高当地文化的知名度，但它并不足以完全推动乡风的创新和开放。政府在创新和开放的乡风营造方面需要进行多方面的努力，包括教育培训、技术创新、社会交流等多个领域的协同发展。

从教育培训的角度来看，乡村地区的教育资源往往相对有限，这在一定程度上限制了乡村居民接触新思想和新技术的机会。为了促进乡风的创新和开放，政府需要对乡村地区的教育资源进行整合，特别是在信息技术教学方面。提高乡村地区的教育水平，可以帮助农民更好地理解和吸收外界的创新思想。技术创新也是推动乡风创新和开放的重要因素。随着互联网和移动通信技术的普及，乡村居民有更多机会获得外界信息，这对于其开阔视野、激发创新思维具有重要意义。例如，农民可以通过互联网学习先进的农业技术，或者通过电子商务将自己的产品销售到更广阔的市场。在社会交往方面，乡村与外界的文化和经济交流对于促进乡风的创新和开放至关重要。通过参加展览、交流会等，农民不仅可以展示自己的艺术作品，还可以了解外部世界的新动向。这种交流不仅有助于提高乡村地区的文化和经济水平，还有助于促进乡村文化多样性和社会包容性的发展。

二、陕北民间美术资源产业化发展的乡村振兴效应

中央农村工作会议对乡村振兴战略的实施制订了"三步走"计划：第一步，到 2020 年，乡村振兴取得重要进展，制度框架和政策体系基本形成；第二步，到 2035 年，乡村振兴取得决定性进展，农业农村现代化基本实现；第三步，到 2050 年，乡村全面振兴，农业强、农村美、农民富全面实现。在"三步走"的框架下，陕北地区的民间美术资源的产业化发展，正在成为一个重要的讨论议题。这一计划注重在推动经济发展时平衡宜居性、乡风文化和生态环境保护。具体而言，涉及"经济效应""宜居效应""乡风效应"和"生态效应"四个关键效应因素。

（一）在"经济效应"方面

合理地开发和利用当地的民间美术资源能够优化陕北乡村产业结构，增强其经济的内生动力，对于传承和弘扬陕北乡村的民俗文化也具有重要的影响。

对陕北民间美术资源的研究和开发，应当以尊重和保护其原有文化精髓

为前提。这意味着我们在推广和利用这些艺术资源的过程中，必须注意保持它们的原始风貌和文化内涵。政府鼓励民间艺术创作者在传承传统技艺的基础上进行创新，以使这些艺术形式既能够保持其传统特色，又能够满足现代社会的审美需求。

陕北民间美术资源的产业化开发，为当地居民提供了参与现代市场经济发展的机会，促进了当地社会的整体发展。文化产业的发展能够直接提高当地居民的就业能力和收入水平。这是因为文化产业提供了多样化的就业机会，从传统的手工艺人到现代的文化创意工作者，都能在这一产业中找到适合自己的位置。而且，这些就业机会不仅限于传统艺术品的制作和销售，还包括与之相关的设计、包装、运输等。文化产业的开发能够吸引游客，促进旅游业的发展。游客对于陕北独特文化的兴趣不仅能够带动当地旅游业的发展，还能间接促进餐饮、住宿等相关服务业的发展。这种产业链的拓展不仅能够增加当地农民的收入，还能够促进整个地区经济的发展。陕北民间美术资源的经济潜力还体现在促进地方文化产品制造和销售的发展上。我们通过将传统艺术形式与现代设计和营销手段相结合，可以创造出符合现代市场需求的文化产品。这种产品的开发不仅能够满足消费者对文化产品的需求，还能够提高陕北地区的文化影响力。

随着陕北民间美术资源的产业化发展，当地居民的生活水平和经济状况也将得到显著提高和改善，从而激发他们参与文化产业开发的积极性。民间美术资源产业化发展对于提高当地居民的文化和技能水平同样至关重要。在陕北地区，传统技艺的传授和培训对于农民就业渠道的拓展具有重要的意义。通过学习和掌握民间美术制作技能，当地农民不仅能够获得新的就业机会，还能够提高自身的技术能力和市场竞争力。这种技能的获得，不仅对个人发展有利，还对当地经济和文化的发展有积极影响。农民通过制作并销售具有地方特色的艺术品，不仅能够为自己带来经济收入，还能够对当地的非物质文化遗产进行传承。当这些具有地方特色的艺术品被外界所认可和欣赏时，还能进一步增强当地民众的自信心，提高向心力，从而有利于乡村成员间的互助与合作。随着当地居民参与度和文化素养的提高，乡村文化的内生动力将得到显著增强。这种内生动力的增强，对促进当地经济的持续健康发展具有重要作用，能为发展乡村特色文化产业打下坚实的基础。

文化资源的开发与经济发展之间不仅是单纯的经济关系，还是一种多维度的社会发展关系。经济发展与文化资源保护之间的关系非常紧密。经济发展为文化资源的保护和传承提供资金和技术支持，这些支持使文化资源得以更有效保存和利用。例如，随着经济的增长，政府和私企可以投入更多资金用于修复和保护历史遗迹、传统工艺等。经济的发展为文化资源的市场化提供机会。文化资源商业化不仅能够创造经济价值，还能够加深公众对这些资源的认识，从而促进文化遗产的传承和发展。这种互动关系不仅有利于促进经济和文化的发展，还有利于提高地区的整体竞争力和影响力。

陕北地区实现乡村经济和文化和谐共生的核心在于平衡经济发展和文化保护，旨在通过文化的力量促进经济的增长，以确保文化遗产得到妥善的保护和传承。在陕北乡村文化促进经济增长时，我们应保持其独特的文化特色和社会价值，不仅应关注即时的经济效益，还应着眼于长远的文化和社会发展。

（二）在"宜居效应"方面

将陕北民间美术融入乡村建筑和村落规划中，是提高农村宜居性的一个有效途径。我们可以在村庄的入口处、公共广场、文化活动中心等地方使用当地的传统剪纸、泥塑等民间艺术元素进行装饰。这样不仅可以美化村庄环境，还可以赋予这些公共空间独特的文化标识。这种设计不仅让村庄的视觉效果更加吸引人，还让文化遗产在日常生活中得到实际的应用和传承。组织民间艺术的工作坊、展览和节庆活动，不仅可以促进村民对传统艺术的了解，激发他们对传统艺术的兴趣，还可以激发他们参与社区发展的热情。这种参与感和归属感是提高村庄宜居性的重要因素，能够促使村民主动维护和美化自己的居住环境，提高乡村民众的凝聚力。

将民间美术融入对村庄环境的改善中，还能带来经济效益。美化后的村庄能够吸引更多的游客和民俗文化爱好者，促进旅游业和相关服务业的发展。这不仅可以增加村庄的经济收入，还可以为村民创造更多的就业机会。经济的发展可以促进村庄环境的进一步改善，形成良性循环。在现代化进程中，保持和发扬地方特色尤为重要。

（三）在"乡风效应"方面

1. 促进陕北乡村文化建设

开发陕北地区的民间美术资源不仅是一种经济活动，还是对乡村民俗文化传承与发展做出的重要贡献。陕北民间美术的传承和发展，特别是在农民中的推广，有助于促进对地区文化遗产的保护。当地居民在参与民间美术制作的过程中，不仅学习到了技艺，还深入了解了这些艺术形式背后的文化故事和历史意义。这种深入的文化理解和体验，使文化传承不再是一种被动的保护行为，而是一种活生生的文化实践。通过这种方式，陕北的民俗文化不仅得以保存，更能在新时代中焕发新的生命力。这种文化传承对于维护地区文化的完整性和多样性具有重要作用，也为文化的创新和发展提供了丰富的土壤。在全球化背景下，这种对本土文化的坚守和发展，对于发展文化多元性和全球文化对话具有重要意义。

2. 弘扬新时代的人文精神

传统文化不应仅被视为过去的遗产，而应是活生生的、能够与现代社会对话的文化实践，因此，在陕北民间美术资源的传承与产业化开发的过程中，弘扬新时代的人文精神成为一项重要的文化使命。这种人文精神的核心在于尊重和保护传统文化，并积极倡导文化的开放性和包容性。这意味着在挖掘和展示陕北民间美术的独特价值时，我们还需关注如何使其与不同文化背景的观众产生共鸣，促进不同文化之间的交流和互鉴。在全球化日益加深的当代社会，文化的开放性和包容性尤为重要，其不仅有助于陕北民间美术在更广泛的文化空间中传播，也有助于促进不同文化间的理解和尊重。这种跨文化的交流和互鉴，可以丰富人们的文化体验，使其加深对多元文化价值的认识和欣赏。

陕北民间美术资源在产业化开发的过程中，要寻求与科技、教育、旅游、媒体等领域的融合，使陕北民间美术成为连接过去与现在、本土与世界的桥梁，为中华文化的传承和发展做出新的贡献。

(四) 在"生态效应"方面

在开发和利用陕北民间美术资源的过程中，我们要注意保护自然环境和生态平衡。例如，采用环保材料和技术来制作手工艺品，不仅可以减少对环境的破坏，还可以作为一种可持续发展的模式推广给游客和消费者。

1. 陕北民间美术资源的创造性传承

开发陕北民间美术资源关键在于如何创造性地融合传统与现代。这种融合不仅是艺术形式上的结合，更是一种文化精神和时代精神的交汇。在这个过程中，保留传统艺术的精髓至关重要，这意味着对传统工艺技法、文化内涵和艺术价值的深刻理解和尊重。引入现代设计理念和技术，使这些传统艺术形式能够符合现代审美需求，提高其市场吸引力和文化传播力。这种创造性的传承方式，使传统艺术在保持原有地方特色和民族风情的同时，能够表现出新时代的活力和创新。例如，将传统手工艺与现代时尚元素相结合，可以开发出既具有传统韵味又符合现代审美的装饰品或实用品。

我们要注重陕北民间美术资源的创造性传承。首先，它有助于推动传统文化的持续发展和活化。在全球化和市场经济的影响下，许多传统艺术面临着边缘化和被遗忘的风险。通过创造性地结合现代元素，这些艺术形式能够以更加吸引人的方式呈现给公众，从而提高其生存力和影响力。其次，这种传承方式还有助于激发社会对传统文化的兴趣和参与热情。特别是在青年一代中，创新的产品和活动可以吸引更多年轻人了解和参与到传统文化的保护和传承中，为文化的长远发展注入新的活力。最后，创造性地文化传承还能够促进地区经济的发展。新颖的文化产品和服务不仅能够开拓市场，还能够促进相关产业链的发展，如旅游、文化创意产业等，为当地居民带来经济效益。

2. 扩大陕北民间美术的影响力

扩大陕北民间美术的影响力是一项具有重要意义的文化使命。通过采用多样化的市场策略和文化交流活动，陕北的民间美术不仅可以进入更广阔的区域，还能够在全国乃至全球范围内提高其影响力和吸引力。这种文化的扩散与传播，不仅是对陕北民俗文化价值的一种肯定，也是对我国传统文化多样性的展示。在全球化的背景下，陕北民间美术的推广对于加强国际社会对我国传统文化的认识和尊重具有重要意义。将这一文化带入更多的区域，可以激发不同文化背景的人们对陕北民俗文化的兴趣，从而促进文化间的交流与理解。

在文化交流的过程中，陕北民间美术不仅是文化传播的载体，还是连接不同地区和文化的桥梁。通过展览、工作坊、文化节等活动，陕北民间美术为其他地区的居民提供了直接接触和体验这一文化的机会。这种文化体验不仅能够加深他们对陕北文化的认识，还能够促进他们对文化多样性的欣赏和尊重。这种跨区域的文化交流能为陕北民间美术提供新的创意和灵感，促进文化的创新与发展。例如，通过与其他文化的碰撞和融合，陕北民间美术可能会产生新的艺术形式或设计理念，从而使这一传统文化在新时代焕发出新的活力。

3. 社会参与与文化生态的构建

社会成员，尤其是陕北农民对民间美术资源开发的参与，在促进经济发展和构建健康文化生态方面具有不可估量的重要作用。这种参与不仅能促进文化的多样性和创新性，还能加强社区内的文化凝聚力和认同感。尤其在乡村地区，农民对于传统文化的深刻理解和积极参与，是保护和传承文化遗产的关键。当地农民通过参与文化活动，如民间美术的制作和展示，不仅能提高自身的文化素养，还能增强其对本土文化的自豪感和归属感。这种从基层社会出发的文化参与和认同，能为构建健康的文化生态提供坚实的基础。农民在民间美术资源开发中的参与，还有助于促进社会文化的创新和多元化发展。当地民间美术的传承与发展不仅是复制传统，更是在传统基础上的创新和演绎。农民的参与能带来新的视角和想法，使传统文化在现代社会中更具活力和吸引力。这种文化的活力不仅能促进当地文化的传播，也对提高地区的文化软实力和对外影响力具有重要作用。农民的参与和创新可以形成一个促进文化传承、创新和多元化的社会环境，这对于促进文化和经济的全面发展具有重要的意义。

农民参与到民间美术资源的开发中，既要"富口袋"，也要"富脑袋"。这种参与不仅是经济发展的重要推动力，更是构建良性文化生态的关键。这种参与能够促进乡村民俗文化的传承与创新，提高乡村社会的文明程度，使乡村文明焕发新光彩。此外，这种参与在良性文化生态系统中，既保护了传统文化，又促进了经济的发展，实现了文化与经济的相互增益和协调发展。

第三节　陕北民间美术资源助力乡村特色文化产业的优势

一、陕北民间美术资源的丰富性

2012 年原文化部正式批准在榆林、延安设立国家级陕北文化生态保护实验区。2022 年，陕北榆林通过了国家级陕北文化生态保护（实验）区验收。陕北文化生态保护（实验）区的设立是以保护非物质文化遗产为核心的，对历史文化积淀丰厚、存续状态良好、具有重要价值和鲜明特色的文化形态进行整体性保护。国家级陕北文化生态保护（实验）区的设立可以为陕北民间美术资源的开发提供重要 的政策性支持。

陕北民间美术资源丰富且特色显著，主要有剪纸、刺绣、面花等十五种非物质文化遗产，石窟、古村落、庄园等五大类物质文化遗产，在促进地区文化产业发展和区域经济增长方面具有重要潜力。陕北的美术资源涵盖了广泛的艺术形式，包括传统绘画、雕塑、民间工艺品等，这些艺术作品体现了丰富的地方文化特色，是我国传统文化的重要组成部分。这些美术资源具有不可估量的历史文化价值和艺术价值，为当地文化产业的发展打下了坚实的基础。我们要深度挖掘和利用这些美术资源，并根据美术资源的具体情况，采取适当的保护与传承的具体办法。

我们要对陕北民间美术资源进行符合当代生活的创意性转化。这意味着需要将传统艺术与现代设计理念结合起来，创造出既保留传统特色又符合现代审美的艺术作品。这种创新转化能够吸引更广泛的市场关注，有助于传统艺术形式的传承和发展。科技的发展也是促进美术资源利用的关键。通过利用现代科技手段，如数字化技术、虚拟现实技术等，我们可以更有效地保护、展示和推广这些美术资源，为更多的人提供接触和了解传统美术的机会。

有效的市场运作对民间美术资源产业化开发至关重要。专业的市场运作可以提高陕北民间美术资源的市场知名度和影响力，吸引更多的投资者和消费者关注。这种市场运作方式能带动相关的服务业和旅游业发展，进而推动整个区域经济的发展。

二、地理位置的优越性

陕北地区地理位置优越，以革命圣地延安和历史文化名城榆林为两大中心城市，为其文化旅游产业的发展提供了独特的优势。这种优势不仅体现在吸引游客的能力上，还体现在带动周边乡村文化产业发展的潜力上。陕北地区拥有丰富的历史文化资源和自然景观，这些资源和景观对于文化旅游产业来说是无可替代的宝贵资产。随着文化旅游产业的不断发展，周边乡村的文化产业也将因此获得发展，形成联动文化产业集群。

陕北地区的文化旅游产业能够为周边乡村带来直接的经济效益。随着游客数量的增加，当地的住宿、餐饮、交通和购物等相关服务业将得到快速发展。文化旅游产业的发展将促进当地特色文化产品的销售，如手工艺品、农特产品等，这些产品不仅能够给游客带来好的旅游体验，还能为当地居民带来收入。文化旅游产业的发展能够促进周边乡村文化产业的整体发展。文化旅游产业的吸引力在很大程度上取决于当地文化的丰富性和独特性。因此，周边乡村的文化资源，如民间艺术、历史遗迹、传统习俗等，将成为吸引游客的重要因素。在这种情况下，陕北乡村文化产业的保护和发展将变得尤为重要，要形成一种推动当地文化保护和发展的良性循环。陕北地区的文化旅游产业还能够促进地区内部的资源共享和合作。通过文化旅游产业的发展，不同地区的文化资源和优势能够得到更好的整合和利用。各地区可以通过共享资源、交流经验、合作项目等方式，形成联动发展的文化产业集群。这种集群效应不仅能够提高整个地区文化产业的竞争力，还能够促进区域经济的均衡发展。

三、社会劳动力的充足性

陕北地区丰富的人力资源为民间美术资源产业化发展提供了基础支撑。陕北民间美术各级各类传承人、从艺者已超千人，接受民间美术技能培训的学员已超万人，陕北民间美术的研究者、爱好者以及相关产业的支持者也近千人，从事陕北民间美术的社会劳动力相对丰富。劳动力的广泛参与使陕北民间传统技艺得以保留和传承，同时为创新提供了可能。充足的劳动力资源意味着有更多的人可以参与到民间美术的制作与传播中。在陕北地区，传统手工艺，如剪纸、泥塑、绣品等不仅需要技艺精湛的工匠，还需要后勤支持、市场营销以及教育培训等多方面的人才。一个充足的劳动力市场能够确保这些岗位人员的高效配备，从而推动整个产业链的顺畅运作。充足的社会劳动力也能促进文化产业的创新和多样性发展。在人力资源丰富的情况下，企业和协会组织能吸纳来自不同背景的个体，这些个体带来新的观念和创意，有助于传统艺术与现代元素的结合，从而创造出新的产品和服务。这种跨界融合不仅能丰富文化产品的种类，还能扩大市场的范围。

从社会层面考虑，充足的劳动力参与文化产业的建设，有助于增强地区文化自信。陕北当地居民通过参与传统美术资源的保护与发展工作，能够加深对本土文化的理解和尊重，也使文化传承有了更广泛的社会基础。

四、经济收入的可观性

将传统民间美术资源转化为可持续发展的经济增长点，不仅能够提高当地的经济水平，还能增强当地居民的文化自信，促进乡村的全面发展。陕北民间美术资源作为一种独特的文化资源具有较高的艺术价值和市场潜力。通过合理的市场定位和品牌建设，这些传统文化资源可以转化为具有地方特色的商品，吸引国内外游客和收藏家的关注，从而带动相关的旅游业和零售业的发展，增加地方的经济收入。

陕北民间美术在商业化的过程中为人们提供了就业机会，增加了人们的经济收入。艺术生产和销售需要大量的劳动力，包括艺人、工匠、销售人员、管理人员等，这为当地居民提供了多样化的就业选择，特别是对于技艺传承者和青年创业者，他们可以通过从事这一产业的工作获得经济收入。陕北民间美术资源的产业化开发，还可以促进相关产业链的发展，如材料供应、物流、广告、在线商务等，这些都将间接增加地区的经济收益。同时，通过打造文化产业园区、艺术工作坊等，陕北地区可以进一步吸引外部投资，提高地方经济的整体竞争力。例如，洛川县的面花受到省内民众喜爱，在婚丧嫁娶、节日庆典中，人们都会定制各种不同类型的面花，洛川面花传承人通过销售面花、剪纸、刺绣等，年均收入可达 6 万元左右。

随着陕北民间美术在国内外影响力的提高，相关艺术品的文化价值和经济价值也将得到重新评估，这会扩大艺术品的升值空间，并促进地方经济的发展。

第四节　陕北民间美术资源助力乡村特色文化产业的机遇与挑战

在当今社会，陕北民间美术资源的保护与发展不断受到关注，其在文化领域的价值日益凸显。多年来，文化工作者为强化陕北民间美术资源在这一领域的价值做出了大量尝试，如广泛收集和整理了民间美术资源，并加强了对这些非物质文化遗产的传承和保护。这些工作为全面开发利用陕北民间美术资源提供了宝贵经验。

在机遇方面，随着社会对传统文化价值的重视，陕北民间美术作为一种重要的非物质文化遗产，得到了广泛关注。这种关注不仅体现在国内，也在国际层面上。国家政策的支持和社会认知的提高为陕北民间美术的保护和发展创造了良好的外部环境。科技的发展，尤其是数字化技术的应用，为传统美术的展示和传播提供了新的途径。数字化可以有效地保存美术作品，也可以为更广泛的受众群体提供接触和理解陕北民间美术的机会。

社会经济发展的总体水平、消费者的需求偏好将影响文化资源消费的需求。随着我国人均收入的增加，人们对于文化的消费需求快速增长，文化产业将成为该地区的新兴产业和新的经济增长点。在这样的发展背景下，人们对文化产业相关产品和服务的需求也会随之增长，与文化产业相关的博物馆、美术馆、文化旅游、手工艺产品销售、文化活动等也会有较好的发展机遇。我们要了解人们对文化资源与消费的需求，充分利用市场发展的机遇，对资源进行合理的利用，并通过提供与文化产业相关的产品和服务，扩大文化资源的消费市场，从而获得较好的经济效益和社会效益。

在挑战方面，首先，我们面临传统与现代化平衡的问题。在现代化进程中，我们在保护陕北民间美术资源的传统特色时要使其适应现代社会的发展需求。其次是传承问题。很多民间艺术形式需要特定的技艺和知识，这些技艺的传承往往需要时间和适宜的传承环境。在现代社会，年轻一代可能对这些传统艺术形式不够了解或不感兴趣，导致"原汁原味"传承出现困难。最后，商业化的压力也不容忽视。在市场经济的推动下，陕北民间美术可能面临过度商业化的风险，这可能会破坏其原有的文化内涵和艺术价值。

陕北民间美术资源的保护与发展是一个复杂的过程，需要在尊重传统和迎接现代化的过程中找到恰当的平衡点。在这个过程中，处理好传统与现代、保护与发展、传承与创新之间的关系是未来工作的关键。这些挑战需要文化工作者、政策制定者、社会各界及利益相关者共同努力，以确保民间美术资源得到有效的保护和合理的发展。陕北民间美术资源虽然为乡村特色文化产业发展带来优势和机遇，但也面临着多方面的挑战。

一、民间美术产业布局需完善

民间美术产业布局的不完善问题显得尤为突出。首先，缺乏全面而深入的行业分析。在很多情况下，民间美术产业的发展更多的是基于短期的市场需求和即时的经济利益，而非长远的战略规划和全面的市场研究。这种短视导致了文化产业布局比较随意，没有针对性和系统性的规划，从而影响了文化产业的长期健康发展。其次，对一项文化资源进行产业开发，我们需要将开发成本和维护成本与文化资源开发预期收益进行比较，从而确定一项文化资源开发项目的经济效益。

　　陕北民间美术资源的分布和利用存在不均的情况。不少地区,虽然拥有丰富的文化资源,但由于缺乏有效的开发和利用策略,这些资源未能得到充分利用。资源配置上的不均衡也导致了一些地区文化产业的过度集中,而其他地区则相对落后,这不仅制约了区域文化产业的均衡发展,也影响了地方特色资源的深度挖掘和利用。民间美术资源产业布局中还存在着对传统文化保护和现代市场需求进行平衡的问题。传统文化资源需要被保护和传承,文化产业也需要适应现代市场的需求和变化。在这一过程中,如何处理好传统与现代、保护与市场之间的关系,是文化产业布局中的一个难题。不少人过分追求市场化和商业化,忽略了文化的本质和内涵,导致文化产业失去了其独特性和魅力。

二、政策供给有待加强

　　政策供给的不足是制约陕北民间美术产业发展的一个重要因素。在当前的经济发展背景下,虽然地方政府已经开始关注并支持文化产业的发展,但在政策供给的广度和深度上仍然存在一些问题。这些问题主要表现在以下几个方面。

　　(一)财政投入有限

　　民间美术产业的发展需要稳定而持续的资金支持,包括基础设施建设、人才培养、项目资助等多个方面。然而,在陕北地区,地方财政资源有限,民间美术产业往往无法获得足够的财政支持。资金的不足制约了文化项目的开发、文化设施的建设以及文化人才的培养,进而影响了文化产业的整体发展。

　　(二)政策引导的缺乏

　　有效的政策引导是民间美术产业健康发展的重要保障。这需要政府对民间美术产业的特点、发展规律以及市场需求有深入的理解和准确的把握。然而,陕北地区在这方面还存在不足,其政策的制定往往缺乏对文化产业内在逻辑和发展趋势的准确把握,导致政策实施效果不佳。

　　(三)政策制定和实施的不连贯性

　　政策制定和实施的不连贯性也是制约民间美术产业发展的一个问题。在一些情况下，政策的制定和实施缺乏长远规划和连续性，如果政策频繁变动，会使文化产业的市场主体难以达到预期，影响文化产业的投资和发展。

三、投入资本需扩大

资本缺乏对于陕北民间美术产业发展具有显著不良影响。民间美术产业的发展不仅需要创意和人才，更需要稳定和充足的资金支持。在陕北地区，资金短缺问题尤为突出，主要体现在以下几个方面。第一，陕北地区的民间美术产业投资环境相对缺乏吸引力。由于地理位置、经济发展水平以及产业基础等因素的限制，陕北地区难以吸引外部投资者对其文化产业进行投资。相较于经济更为发达和市场更为成熟的地区，陕北地区的文化产业缺乏足够的市场潜力和投资回报率，这使资本更倾向于流向其他地区或行业。第二，融资渠道的不畅通也是资本短缺的一个重要原因。陕北地区的文化产业和项目普遍面临融资困难的问题，因为银行和其他金融机构对于文化产业的风险评估较高，倾向于为传统产业或有稳定回报的项目提供贷款。由于缺乏有效的融资平台和机制，许多具有潜力的文化项目无法获得必要的资金支持，从而难以实现开发和扩大。第三，政府财政支持的有限性也是资金短缺的原因之一。虽然政府在某种程度上对民间美术产业提供了财政支持，但这种支持往往局限于项目补贴或税收优惠等方面，且规模有限，这种有限的政府支持难以满足文化产业发展所需的大量资金需求，特别是在基础设施建设、技术创新等资本密集型领域。

四、文化创意有待深化

创意不足的问题在陕北民间美术产业发展中显得尤为突出，这在多个方面限制了该地区文化产业的进一步发展。陕北民间美术产业在创意方面的不足主要表现在产品和服务创新设计的缺乏、创意人才的短缺以及市场营销和品牌建设的不足上。这些问题不仅限制了文化产业产品和服务的市场竞争力，也影响了陕北地区文化产业的整体形象和发展潜力。首先，创新设计在民间美术产业中的重要性不容小觑，它不仅关系到产品和服务的市场竞争力，也是塑造地区文化品牌的关键。然而，在陕北地区，文化产品和服务往往缺乏足够的创新元素和设计独特性，这直接导致了其在市场中的辨识度不高，难以吸引广大消费者的注意。文化产品和服务的创新不足，也反映出陕北地区在文化创意人才的培养和引进方面存在问题。陕北地区缺乏系统的创意人才培养机制，以及对创意产业人才价值的认识不足，导致了创新设计人才的短缺。现有的文化产业人才往往缺乏对市场趋势的敏感性和对消费需求的深入理解，这进一步限制了文化产品和服务创新的发展深度和广度。陕北民间美术产业在市场营销和品牌建设方面的创意也不足。有效的市场营销和品牌建设需要创新的策略和方法，以吸引消费者的注意并建立品牌忠诚度。然而，由于缺乏专业的市场营销策略和创意广告设计，陕北地区的文化产品和服务在市场中往往缺乏足够的影响力。

五、陕北部分民间美术资源面临衰落态势

陕北部分民间美术资源的逐步衰落问题是文化遗产保护领域面临的一大挑战。这一问题根源于快速变化的社会环境和市场经济的冲击。随着现代化进程的加速，原本孕育和维持民间美术的文化生态环境发生了巨大变化。传统社区的解体、农村人口的大量迁移以及生活方式的现代化，都极大地削弱了陕北民间美术的生存空间。这些艺术形式，曾经是村庄生活的一部分，现在却日益显得格格不入。在市场经济的环境下，传统艺术有时难以适应现代生产和消费的节奏。

传统的"师徒制"传承方式在当代社会面临着前所未有的挑战。这种基于个体间亲密互动和长期指导的传承模式，在现代社会中越来越难以为继。年轻一代受教育水平的提高和就业观念的变化，使他们更倾向于选择正规教育和稳定的工作，而不是投入时间长、收入不稳定的传统艺术领域。这导致了掌握民间美术技能的艺人数量日渐减少，许多独特而珍贵的技艺面临失传的危险。随着老一辈艺人的逐渐减少，部分传统艺术的续存面临严峻考验。

市场对于民间美术资源的低估也是一个重要因素，在以效率和利润为导向的市场经济中，民间艺术很难被赋予合适的经济价值，这些艺术作品往往需要花费大量时间和精力来创作，但市场上的价格无法反映出它们的真正价值。这种经济上的不平等，使从事民间艺术的艺人难以从中获得足够的生计支持，进而导致陕北部分民间美术形式呈现衰落态势。市场对于快速消费和标准化产品的需求，使部分民间艺术无法适应，从而失去了在市场上竞争的能力。

六、陕北民间美术资源保护和传承的意识需加强

陕北民间美术资源的保护与发展意识欠佳是当前文化遗产保护工作中的一个显著问题。首先，这一问题体现在文化遗产保护工作的多部门协作上。虽然理论上多部门合作对于文化遗产的保护至关重要，但在实际操作中，各部门之间缺乏有效的沟通和协调机制。这导致了民间艺术资源的收集、整理、调查和记录工作的效率大打折扣。各部门在资源配置、职责划分和工作重点方面存在差异，使文化遗产保护工作难以形成合力。资金和人员的不足也是一个突出问题。在当前的经济和社会环境下，文化遗产保护往往不是公共财政和社会资源配置的优先领域。这就导致了在民间艺术资源保护方面的投入不足，从而影响了相关工作的开展。缺乏专业的人才和足够的资金支持，使民间艺术资源的保护工作难以进行。广大民众对陕北民间美术资源的保护也存在忽视的现象，民众普遍缺乏对民间美术资源价值的正确认识，公众参与度不高，难以形成社会层面对文化遗产保护的共识。保护机制的建立问题不容忽视。在保护陕北民间美术资源的过程中，过度的商业化和经济化趋势对文化遗产保护构成了威胁。商业化的推进往往伴随着对民间美术资源的片面开发和利用，忽略了其文化和历史价值。这种趋势不仅破坏了民间美术资源的原有特性，也削弱了其作为文化遗产的意义。因此，在保护和开发民间美术资源的过程中，如何平衡商业利益和文化保护的关系，是一个亟待解决的问题。

七、陕北民间美术资源法律保护措施有待完善

随着现代生产方式和生活方式的普及，传统的民间手工艺逐渐被现代化的技术和材料所取代。这种变化不仅影响了传统手工艺的生产方式，也改变了传统艺术作品的风格和特征。外来文化的装饰风格逐渐取代传统装饰，这不仅削弱了民间艺术的独特性，也使对其真实性和原创性的保护和认定变得更加困难。在这种背景下，民间美术的法律保护工作面临着重重挑战。

陕北民间美术的特点和价值在一定程度上也加剧了对其保护的难度。民间美术具有多样性和地域性特征，对其进行保护需要考虑不同艺术形式和地区特色的差异。这就要求法律保护机制能够灵活地适应不同类型的民间美术资源，为其提供差异化的保护措施。在现实中，这种差异化的保护机制往往

缺乏。这主要是因为法律和政策难以兼顾所有类型的民间美术资源。

八、陕北民间美术资源数字化保护力度需强化

陕北民间美术资源的数字化保护力度不足是一个值得关注的问题。在新媒体信息技术迅速发展的当下，数字化已成为文化遗产保护的重要手段。数字化可以对民间绘画、剪纸、雕塑等多种艺术形式进行详细的记录和展示，包括人物介绍、艺术作品、影像资料等。数字化不仅能够提高文化遗产的保存效率，还能够扩大其传播范围，使更多的人了解和欣赏这些珍贵的艺术资源。然而，当前陕北民间美术资源的数字化保护工作仍面临多重挑战。数字化过程中的资料收集和整理是一项庞大而复杂的工作。各类民间艺术形式众多且特点各异，需要人们运用精确且专业的知识来进行分类和描述。许多民间艺术作品存在保存状态不佳的问题，这使数字化过程中的修复和整理工作更加困难。数字化项目所需的资金和技术投入较大，但相应的支持和投资往往不足。这不仅影响了数字化发展进程，也影响了数字化的质量。在传播内容和形式方面，陕北民间美术资源的数字化保护同样面临挑战。目前，这些艺术资源的数字化传播内容往往缺乏系统性和深度，难以全面展示其丰富的文化内涵和艺术价值。数字化传播的形式也较为单一，未能充分利用现代信息技术提供的多元化传播手段，如交互式展示、虚拟现实体验等。由于缺乏有效的传播策略和专业人才，陕北民间美术资源的数字化成果未能在更广泛的范围内得到推广。

第五节　陕北民间美术资源助力乡村特色文化产业发展的格局

一、陕北民间美术资源助力乡村特色文化产业发展格局的顶层设计

陕北乡村文化产业的发展，需要充分利用特色民间文化资源与陕北红色文化资源、历史文化资源相结合的优势，推出乡村文化旅游精品项目，并通过文化旅游普及推广陕北特色民间文化，让游人互动参与，体验乡村生活，了解民间传统文化，增强其文化自信，打造品牌文化，从而精准布局乡村特色文化产业。陕北地区主要确立延安、榆林两个特色文化产业区域，并以特

色文化产业区域为中心，开发三条优质文化旅游产业带，建设九个文化产业基地，构建点、线、面、体多维空间陕北特色品牌文化产业体系。

（一）确立两个文化产业区域

圣地延安是陕北南部的民间文化区域中心，推广以"探寻红色文化，感受黄土风情"为主题的特色文化研旅项目。陕北地区集中延安有特色的民间美术资源，将红色文化题材融入民间美术，以传统安塞剪纸、安塞农民画、志丹刺绣、洛川面花、延川布堆画等陕北民间特色品牌美术资源为载体，在圣地延安建设陕北黄土风情体验小镇、陕北民间文化博物馆、红色圣地延安故事等文化传播集群，有非遗传承人现场展示技艺，与游客互动，并运用现代科技手段创新文化生产方式，培育红色文化结合黄土风情的文化业态。

古城榆林是陕北北部民间文化区域中心，依托榆林国家级文化生态保护区，推广以"探寻民间文化，感受边塞风情"为主题的特色文化旅游项目。古城文化游，会集民间石雕、泥塑、剪纸等民间美术手工艺作坊、民间美术合作社等的非遗传承人，让他们带领团队入驻榆林古城，通过对民间美术资源项目的深度开发，带动榆林特色民俗小吃、民宿产业的发展。另外，榆林增设镇北台边关文化体验区、红石峡碑林文化体验区等旅游体验内容，加上榆林汉画像石博物馆，搞活榆林文化旅游产业。

（二）开发三条优质文化旅游产业带

1. 绥德—米脂优质文化旅游产业带

绥德、米脂文化旅游产业带开发以民间文化生态保护开发为原则，以原生态民间美术和历史文化、红色文化结合为特色，整合资源，联动效益；同时，以绥德汉画像石博物馆为中心，辐射四个文化产业集群。

（1）加强绥德黄土文化风情园—石魂广场的公共设施建设，形成集休闲、观赏、体验、基地、销售为一体的石雕、泥塑文化旅游风情园，并与大中小学联合，建立石雕艺术教学实践基地。

绥德县黄土文化风情园位于绥德龙湾生态区腹地，与绥德老县城隔河相望，相距约 1.5 千米，与城东新区相距约 2.8 千米。以黄土景观为载体，以人文历史和民俗风情为核心，坚持"山为体、文为魂、人为本"的理念，凝聚特色的历史民俗文化，创造绥德文化的"城市客厅"，展示黄土高原的风土人情。石魂广场是景区的标识和门户，是绥德民间艺术的精华，融入绥德石雕、牌楼、窑洞等元素，选取当地的石头为材料建造，形成气势恢宏的石狮阵容，体现绥德民间艺术的本土性、地域性和唯一性。

黄土风情园以其深厚的文化内涵、自然的设计理念、精湛的雕刻技艺、丰富的黄土文化资源，为绥德石雕之乡再添风采。其与摩崖石刻景观融为一体，形成一幅壮美的画卷，成为展示黄土文化和绥德民间艺术的旅游景区，进一步促进绥德县丰富的文化资源的保护和发展。景区的不断开发必将带动绥德县及临近区域的旅游产业的发展，促进财政增收及居民收入增长，为全县经济社会全面发展注入新的活力。

（2）从绥德县城到四十里铺，沿210国道构建绵延20千米的融游览、展示、体验、销售为一体的石雕、泥塑文化旅游示范区，形成区域性的石雕产业集群，重点扶持特色艺术村，如暖泉沟石制工艺示范村、寨山柳编示范村，逐步形成一村一艺一品的特色精品文化产业。

（3）做好三十里铺文化旅游精品项目，打造特色民俗村，如郭家沟、常家沟、土赵路和赵家铺等民俗文化村，形成石雕、泥塑、剪纸等艺术展示、互动体验及文创衍生品消费业态，让游客深度体验黄土高坡韵味，逐步建成陕北风情精品旅游景区。

（4）民居建筑文化与历史文化、红色文化相结合的旅游，以李自成行宫、整体生态性保护米脂窑洞古城建筑为中心，带动马氏庄园、姜氏庄园、常氏庄园等民居建筑文化旅游产业。

2. 延川—延安—安塞文化旅游产业带

以延安红色革命文化为中心，大力构建延川布堆画、安塞剪纸、农民画集展示、体验、培训、营销为一体的特色文化旅游产业带。将安塞民间美术资源与延安红色资源进行有机融合，建设以"红色文化"和"黄土文化"旅游为主题的延塞文化旅游带。这样不仅能够拓展延安红色旅游内容、空间和旅游容量，还能带动安塞区及临近乡镇的民俗文化村、农家乐休闲项目的经济发展。

3. 洛川—富县—黄陵文化旅游产业带

推广以"感受边塞风情，探源寻根之旅"为主题的特色文化旅游项目，同时，以"历史文化与黄土风情文化结合"为主题，围绕廊道"两圣"（中华民族圣地、中国革命圣地）主体资源，形成延安—洛川—富县—黄陵、黄龙一线，有黄陵面花与黄帝陵文化游，有洛川毛麻绣、富县熏画与苹果节、洛川黄土国家地质公园文化游，做大做亮黄土风情文化区。

（三）抓好九个文化产业基地建设

抓好九个文化产业基地建设以做亮陕北民间美术资源特色品牌为重点。

1. 以石雕及木雕旅游文创品为主打产业的文旅融合宝塔区实践基地，集石雕和木雕展示、体验、销售为一体。

2. 主要以剪纸及农民画旅游文创品为主打产业的安塞区基地，集剪纸和农民画展示、体验、销售为一体。

3. 主要以陕北石雕石刻、布堆画旅游文创品和钟山石窟、黄河乾坤湾伏羲文化旅游为主打的清涧、延长、延川、子长基地。基地设置在黄河乾坤湾旅游区内，展示、销售清涧、延长石板画、延川剪纸、布堆画等文创品，子长钟山石窟景区销售各种类型高清石窟图文集，为研究石窟艺术提供重要资料支撑。

4. 主要以熏画、面花旅游文创品和黄帝陵旅游为主要产业的富县、洛川、黄陵基地。这些基地设置在黄陵景区内，通过黄陵人文景观带动富县泥塑、熏画，洛川毛麻绣、面花，黄陵面花旅游文创品的销售。

5. 主要以吴起糜粘画、地毯的展示、体验、销售为一体的文旅融合吴起实践基地。

6. 主要以志丹县金丁镇的刺绣为核心形成一个产业化和多元化发展迅速的刺绣基地。刺绣制品不论是鞋垫、枕头、布制玩具，还是钱夹和马褂，都是当地民众生活中不可或缺的一部分。

7. 主要以三边剪纸工艺品和统万城边塞历史文化旅游为主要产业的安边、定边、靖边基地。

8. 主要以剪纸、刺绣为主要产业的旅游工艺品和横山波罗镇文化旅游的横山基地。

9. 以可进行考古探寻之旅的神木石峁遗址、杨家将历史文化旅游和红碱淖生态旅游为主打的神木、府谷基地。

陕北地区通过抓好陕北九个特色文化产业基地建设，辐射各个乡镇，建设有代表性的特色品牌民间美术资源，塑造陕北"一乡一品""一乡一艺""一乡一景"特色品牌，形成具有区域影响力的乡村文化名片。

（四）"四项工程"繁荣城乡文化生活

1. 基础设施建设工程：延安、榆林两市建设民间文化艺术馆、展览馆；

绥德、米脂、神木、靖边、安塞、黄陵、延长七县要有民间艺术中心，形成县有文化馆、图书馆、民俗馆、文化广场，乡有文化站、培训场地，村有文化活动室的文化设施网络体系，活跃群众文化生活。

2. 文化节、会工程：由省市文联统筹管理，设立一年一度的陕北民间艺术文化节，推动陕北民间美术在重大国内、国际活动上展示；重视群众性的创作活动，依托地方文联、协会等载体，举办民间美术专业性的展览、展会，特别是在中国美术馆等高级别的美术馆举办陕北民间美术作品展，以节、展兴文化，发现精品；重视专业性创作队伍，设立省级陕北民间文化创作奖，重奖原创作品。省、市设立文化种子基金，政府采购艺术创作，鼓励创新。

3. 文化品牌工程：支持延安、榆林两市抓大题材、创大品牌；市县乡合作，做亮陕北剪纸、农民画、面花、石雕、泥塑等有代表性的品牌；推广陕北"一县（村）一艺一品"品牌建设经验，每个县（村）都要创设有代表性的民间文化名牌产品。

4. 数字文化建设工程：利用现代信息技术手段推进陕北公共文化服务数字化进程，比如开发在线阅读资源、虚拟展览等项目，让更多人能够便捷地享受到高质量的文化产品和服务。陕西省微信平台开设"陕北乡村文化漫游"公众号，推介陕北乡村文化；各市县通过微信、抖音、快手等网络媒体进行广泛宣传，推广陕北民间美术资源的特色品牌，创设网络消费空间。

二、陕北民间美术资源的开发原则

陕北地区的民间美术资源丰富，包括剪纸、刺绣、泥塑等多种形式。在进行这些资源的开发时，人们需要遵循一些基本原则来确保传统文化的传承与创新能够和谐发展。遵循这些原则，可以有效地促进陕北民间美术资源的合理开发与利用，既能保护传统文化遗产，又能推动当地经济社会的发展。

（一）保护优先原则

保护陕北民间美术资源的核心价值和特色，确保"原样保护"，避免因商业化而造成文化内涵的流失。陕北民间美术资源在市场需求方面基本分为三种类型：一是在当代仍受到民众广泛使用的资源，如吴起地毯、洛川面花等；二是在市场中受到小众消费群体欢迎的资源，如安塞剪纸、志丹刺绣等；三是没有市场使用需求，但可作为精神消费的陕北民间美术资源，如吴起擀毡、延安烙铁画等。因此，要对陕北民间美术资源运用数字化媒体技术进行全面记录，将其作为民族文化的宝贵遗存加以保护，还要为陕北民间美术资源的活态传承与创造性衍生夯实基础。

（二）持续发展原则

其一，深度挖掘陕北民间美术资源及其文化内涵，遵循文化内涵与特色产业切实有效对接，在"原样保护"的基础上进行"活态传承"与"创造衍生"，确保延续陕北民间美术的匠人精神；其二，开发过程中应考虑环境和社会发展的可持续性，避免对当地环境造成破坏或对乡村环境产生负面影响。

（三）政策推动原则

充分利用政策支持和资金扶持等方式推动陕北民间美术资源的发展与创新。其一，有关政策会影响当前的文化生产供应，而且会影响未来的、长期的文化消费市场需求。政府应引导和提高社会大众对优秀文化的鉴赏力。大众的文化消费口味不是一天就养成的，消费者一方面受到教育经历、家庭背景、职业等影响，另一方面受到市场流行趋势、现有文化产品的供给水平和质量的影响，在长期文化产品消费过程中逐步形成消费偏好和文化口味。政府出于引导主流文化价值的考虑，应通过政策影响当前文化市场的产品供应，从而影响未来市场消费偏好和引导社会文化发展方向。其二，建立健全的知识产权保护机制，保障艺术家和创作者的权益不受侵犯等。

（四）市场需求原则

我们应按照市场需求对陕北民间美术资源进行开发。其一，将当代仍被大众广泛喜爱和使用的，能够进行市场商业运营，并能够产生一定经济效益的陕北民间美术资源进行深度开发。如吴起榆树坪村的地毯就是在当地编织技艺的基础上进行不断创新研发，形成了当代以订单制为基础的销售平台。其二，对在市场中受到小众消费群体欢迎的产品进行适度开发。如陕北剪纸、刺绣，因为陕北民间艺人一直坚持手工制作，与使用机器制作相比产量低，但艺术价值高，因此，销售价位较高，现阶段多为小众消费群体所青睐。其三，对现阶段没有市场使用需求，但可作为精神消费的陕北民间美术资源，如吴起擀毡、延安烙铁画等进行静态保护，积极寻找创造性衍生的方式。

（五）科技引领原则

利用现代科技手段，如跨界合作创新、虚拟现实体验、在线教育、网络营销等，既要充分利用现代科技对传统文化的保存与传播功能，又要积极探索新的表现形式和发展路径，更好地实现陕北民间美术资源的当代价值。

（六）国际合作原则

加强与其他地区和国家的文化交流与合作，推广陕北民间美术资源，将我国传统艺术传播到世界各地，开展跨文化交流项目，如举办展览、工作坊等，促进不同国家设计师之间达成共识与合作，提高陕北民间美术在国际的影响力。

第六节　陕北民间美术资源助力乡村特色文化产业发展的路径

根据当前陕北乡村特色文化建设的状况，结合国家振兴乡村文化战略规划，地方政府需要制定陕北乡村特色文化建设的总体规划，并提供财力保障，建设人才队伍，健全城乡文化统筹发展和政府组织监管考核机制。政府、传承人、社会团体、地方高校共同担负起振兴陕北乡村特色文化建设的使命，变资源优势为产业优势，推动陕北乡村特色文化产业高质量发展，形成文化产业园集群，带动区域经济发展。

一、形成陕北民间美术资源产业化发展的长效机制

乡村文化产业的可持续发展关键在于探索符合自身特点的产业发展路径，并使其规范化，形成有效的制度与模式。特别是在陕北民间美术资源丰富的地区，政府部门应起到关键的引导作用，通过资源整合、提供政策和资金支持，引导乡村文化产业发展走向集中化、特色化。这种支持不仅能够促进文化产业的多元化发展，还能够带动乡村经济的整体提高。陕北地区应以其独特的民间美术资源为依托，发展具有地方特色的文化产业品牌，并且应充分利用地区内的资源优势，实现资源间的互补，从而保证文化产业的多样化和长效性发展。

在全国乡村振兴的大背景下，陕北乡村优秀的传统文化遗产资源与现代文化、城市文化和外来文化之间不断发生着碰撞和交融。相比于其他文化资源保护，乡村文化遗产资源保护长期处于弱势地位。一些保护力度薄弱、保护措施不健全的地区，其乡村文化遗产资源处于逐渐萎缩的危险境地。因此，在这种情况下，陕北地区应根据市场对陕北民间美术资源的需求，制定合理

保护与传承的政策，对陕北乡村文化遗产资源进行多元性保护，构建多元协同保护的完备体系。这是一项迫在眉睫的重要工作。这样也为乡村优秀传统文化遗产资源得到更好传承和发展提供重要的动力支撑。

地方政府要担负起统一规划、组织协调、督促检查、加强指导的重要职责，推动陕北乡村文化产业的法治化、规范化、制度化，形成以"城""乡"统筹互动、双赢为目的的发展格局；充分发挥城市对乡村的辐射和带动作用，建立"以城带乡，以乡育城"① 的长效机制，促进城乡协调发展；根据乡村群众的文化需求，积极组织开展"乡村文化进城，城市文化下乡"② 统筹城乡资源的文化活动，加强资源的整合和利用，实现优势互补，达到城乡双向互动。

（一）完善政府组织机构和制度建设，明晰职权

完善乡村文化产业政府组织机构是一个系统性工程，其旨在通过优化组织架构、职能配置和管理机制，提高文化行政部门的服务能力和管理水平，从而更好地促进乡村文化产业发展。

1. 优化组织架构、职能配置和管理机制

应建立乡村文化产业工作协调机构，制定乡村文化产业督察制度，推动乡村文化产业系统性建设和统一监管；健全文化和旅游深度融合发展体制机制。其一，明确职能定位。基于国家文化发展战略和地方实际情况，当地政府应明确各级政府文化行政部门的主要职责，包括乡村文化产业政策制定、市场监管、公共服务提供等，并针对不同类型的乡村文化产业（如传统文化、现代传媒、创意设计等）制定差异化的管理措施和支持政策。其二，完善机构建设，优化内部结构，根据乡村文化产业发展需要，调整和完善现有政府部门内部机构设置，确保各部门职责清晰、分工合理，并通过培训、交流等方式提升工作人员的专业技能，增强其服务意识，特别是提高他们在新技术应用、知识产权保护等方面的能力。其三，推动政企分开，简政放权，逐步减少不必要的行政审批事项，简化办事流程，为企业提供更多便利。政府应鼓励和支持社会资本参与乡村文化产业发展，形成多元化投入格局。其四，强化行业自律，支持和引导行业协会健康发展，发挥政府在行业标准制定、

---

① 陈修颖. 区域空间结构重组：理论与实证研究［M］. 南京：东南大学出版社，2005：271.
② 曹爱军. 公共文化治理导论［M］. 北京：中国经济出版社，2019：98.

市场秩序维护、国际交流合作等方面的作用。如建立健全乡村文化市场信用体系，加大对违法行为的惩治力度，创设公平竞争的市场环境。其五，加大政策扶持，为文化企业提供税收减免、贷款贴息等财政支持。政府应鼓励文化企业加大研发投入，使其采用新技术、新模式改造传统产业，提高产品质量。

2. 将乡村文化遗产的传承纳入陕北党政干部政绩考核

政府相关部门应认识到陕北乡村文化遗产在国家文化体系中的独特地位和不可替代的作用。这些遗产不仅是历史文化的载体，还是民族认同和文化传承的重要标志。因此，对其进行保护和传承尤为重要。政绩考核制度的落实不仅能够提高地方官员对文化遗产价值的认识和重视，还能促进他们在实际工作中采取更加积极的措施，以保护和传承这些文化遗产。具体而言，陕北政府可以通过制定相关政策、提供财政支持、促进乡村参与等方式来实现这一目标。将乡村文化遗产传承纳入政绩考核还能促进地方政府与社区、学术机构和非政府组织之间的合作。这种跨部门和多元化的合作可以更好地整合资源，使其发挥各自的优势，共同推动陕北乡村文化遗产的保护和发展。例如，陕北地方性高校的学术机构可以提供专业知识和技术支持，乡民可以参与文化遗产的日常维护和活动组织，而政府则可以在政策和资金上给予支持。在这一过程中，我们需要注意的是，乡村文化遗产的传承不应仅仅局限于物质文化遗产，如古村落、古镇等，还应包括非物质文化遗产，如民俗、传统技艺、民间美术等。非物质文化遗产的传承尤为重要，因为它们更容易随着时间的流逝而消失。因此，在政绩考核中，陕北政府应当对这两类文化遗产资源给予同等的重视。

3. 强化政府管理职能，理顺政府与相关社会组织之间的关系

政府不仅是政策的制定者，还是资源的调配者，政府需要与其他组织建立良好的沟通机制，以确保政策能够顺利执行，并根据实际情况进行调整。

企事业单位拥有丰富的资源，能够在文化遗产资源保护项目中提供资金支持、技术援助或其他形式的帮助。企事业单位可以通过社会责任项目，将文化遗产资源保护纳入企业文化，从而增强员工和社会公众对文化遗产价值的认识。

文化组织，包括非政府组织、学术研究机构和其他文化团体，通常具有专业知识和研究能力，能够为文化遗产资源保护提供科学指导和技术支持。

文化组织还可以通过教育和宣传活动，增强公众对文化遗产保护的意识。

村民和社区居民是文化遗产资源的直接守护者和传承人，他们对本地文化遗产有着深厚的情感和独特的理解。因此，在平台建设中，相关人员应充分考虑村民的参与和声音。政府和其他组织应鼓励和支持乡民参与到文化遗产的保护工作中来，利用他们的知识和经验，实现文化遗产的有效保护和传承。

构建这样一个多方参与的平台，关键在于确保各方的利益和责任得到平衡，并建立有效的协调机制。这不仅需要明确各方在文化遗产资源保护中的角色和责任，还需要建立有效的沟通和合作机制，以确保各方能够密切协作，有效地推进文化遗产资源的保护工作。

政府机关、企事业单位、文化组织及村民在文化遗产资源保护方面需要建立有效的合作机制，共同推动文化遗产资源的保护和传承。这样的合作不仅能够保护好文化遗产，还能够促进社会各界对文化遗产价值的认识和尊重。文化遗产资源的保护不仅涉及历史和文化的保存，还关乎民族认同和文化多样性的保护。

（二）深化陕北乡村文化遗产资源多元保护的体制机制建设

深化陕北乡村文化遗产资源多元保护的体制机制建设是一个系统工程，涉及多个层面的综合协调与创新。

1. 政策支持与资源配置

深化陕北乡村文化遗产资源多元保护的体制机制建设，首要任务是确保政策层面的支持与资源配置。这一过程涉及制定具体且高效的文化传承政策，并确保这些政策能够在不断变化的社会环境中保持其连续性。政策的制定应基于对乡村文化遗产价值的深刻理解和对当前保护状况的准确评估，从而确保政策能够有针对性地解决保护和传承中的关键问题。

在资源配置方面，合理的财政投入是乡村文化遗产保护的重要基础。政府应当拨出专门的资金，用于支持乡村文化遗产的保护工作，包括修复老旧的文化遗迹、支持传统手工艺的复兴、举办文化活动等。这些投入不仅有利于文化遗产的物质性保护，还有利于促进其在当代社会的活跃传承。

人力资源的配置至关重要，需要培养和吸引专业人才，如文化遗产保护专家、民间艺术研究者和乡村文化传承人等。他们能够提供专业知识和技能，促进乡村文化遗产的有效保护和创新传承。鼓励乡民参与到文化遗产的保护中，这样不仅能增强他们对本土文化的认同感，还能为文化遗产的保护提供更为丰富的内容。随着科技的发展，许多先进技术可以应用于文化遗产保护，如数字化技术用于古迹的修复和记录，互联网技术用于文化遗产的宣传和教育。运用这些技术，人们不仅可以提高保护工作的效率和质量，还能使文化遗产在更广泛的范围内得到传播。

在深化陕北乡村文化遗产资源多元保护的体制机制建设中，人们还需注重跨部门合作与协调。文化遗产的保护不仅是文化部门的责任，还需要环保、教育、旅游等相关部门的共同努力。跨部门合作可以整合更多资源和力量，形成文化遗产保护的合力。

深化陕北乡村文化遗产资源多元保护的体制机制建设需从政策支持、资源配置、人力培养、技术应用以及跨部门合作等多个方面进行综合考虑。这些综合措施的实施，可以有效地保护和传承陕北乡村文化遗产，使其在现代社会中焕发新的活力，为陕北乡村特色文化产业发展奠定坚实的基础。

2. 文化遗产资源的挖掘与保护

文化遗产资源的挖掘与保护涉及对陕北乡村丰富的传统文化资源的系统性田野调查、文献整理和数字化记录，以及具体的文化遗产保护项目的实施等。

田野调查是挖掘乡村文化遗产资源的基础工作。这需要专业团队深入农村地区，对当地的风俗习惯、口头传统、民间艺术、节庆活动等进行全面的调查和记录。这种田野调查不仅有助于收集和保存易于消失的非物质文化遗产，也有助于增进人们对乡村文化多样性的理解和认识。

文献整理对于保护和传承乡村文化遗产也极为重要，包括对历史文献、古籍、民间传说等进行搜集、整理和研究。通过这些文献资料，人们可以更深入地挖掘乡村文化的历史根源和发展脉络，为文化遗产资源的保护和传承提供重要的学术支持。

数字化记录是当代文化遗产资源保护的重要手段。人们利用现代信息技术，如数字摄影、三维扫描等技术手段，对传统文化遗产进行记录和存档，不仅可以更有效地保存这些文化资源，还能让更多的人通过互联网等方式了解和接触这些文化遗产。

在实际的文化遗产资源保护项目中，修复古建筑、保护传统手工艺等活动至关重要。这些活动不仅是对物质文化遗产的直接保护，也是对传统技艺和工艺美术的活态传承。例如，对古村落的修复不仅能够保护古建筑本身，还能营造整个村落的文化氛围，促进传统文化的整体保护和传承。文化遗产保护工作还需要依托多方面的合作和支持，包括政府、学术机构、非政府组织和社区的协同合作，共同推动文化遗产的保护工作。这种多方位的合作可以整合不同资源，使其发挥各自优势，形成强有力的文化遗产资源保护网络。

3. 乡镇文化站的角色强化

在深化陕北乡村文化遗产多元保护的体制机制建设过程中，乡（镇）文化站扮演着至关重要的角色。为了充分发挥其作用，相关部门必须强化乡镇文化站的功能，使其成为文化传承、教育培训和文化交流的关键平台。乡镇文化站不仅是文化活动的举办地，更是连接政府与乡村社区、反映村民需求和建议的重要桥梁。

乡镇文化站应加强在传统文化宣传与传承方面的功能。通过组织各类文化活动、展览和节庆活动，乡镇文化站可以有效地传播乡村地区的传统文化，激发村民对本土文化的兴趣和自豪感。文化站可以邀请传统手工艺人、民俗专家等进行现场教学和讲座，直接向村民传授传统技艺和文化知识。乡镇文化站在教育培训方面的作用不容忽视。文化站应提供多样化的教育培训项目，包括传统文化课程、非物质文化遗产的保护培训，以及现代文化教育等。这些教育培训项目，不仅可以提升村民的文化素养，还能培养新一代的文化传承人。乡镇文化站还应成为文化交流的重要平台。通过举办文化交流活动，如文化节、艺术展览等，文化站可以为村民提供展示本土文化的机会，也能吸引外来游客和文化爱好者，促进乡村与外界的文化交流。

乡镇文化站应担负起反映村民需求和建议的职责。作为政府与农村社区之间的桥梁，文化站可以收集村民对于文化活动的意见和建议，并将这些信息反馈给政府相关部门，帮助政府更好地了解农村地区的文化需求，从而制定更加贴合实际的文化发展策略。乡镇文化站在深化乡村文化遗产多元保护体制机制建设中具有不可替代的作用，应大力发展乡镇文化站队伍建设，加强村级文化站站长及文化协管员队伍建设，设立公益文化岗位试点，建立一支"能留住、有干劲、干得好"的本土文化人才队伍。可将乡镇文化站作为市场化运作的实体，并通过文化站人才队伍建设，使乡村文化建设得到有效推进。

4. 民间美术与现代科技手段相结合

在传统文化的传承过程中，人们不仅要保护和弘扬传统文化，还要将现代科技手段融入其中，以促进传统文化与现代社会更好地融合。

促进文化创新是传统文化与现代科技手段相结合的重要途径。传统文化在现代社会的传承和发展中不能仅仅局限于过去的形式和内容，而应鼓励创新和变革。陕北设计师、文化产业开发者要积极参与民间美术资源由初到深的梯度性开发，包括对传统文化元素的创新性表达，以及对新的文化产品的开发。例如，可以通过现代设计手法赋予传统图案更多组合方式等，或者将传统故事以现代媒体形式进行再创作。这种创新能够使传统文化更具吸引力，使其更好地融入现代生活。

利用现代信息技术手段，不仅可以实现对传统文化的有效记录和传播，还能增强其保护效果。应用现代技术手段，如虚拟现实（VR）、增强现实（AR）等，能够提高传统文化体验的互动性和吸引力。

提高传统文化的现代传播效率也是结合现代文化理念的重要方面。借助现代传媒技术，如互联网、社交媒体等，传统文化可以得到更加广泛和迅速的传播。例如，人们可以通过在线平台展示传统手工艺教程，或者在社交媒体上分享传统节庆活动的故事和图片。在保护传统文化时，人们注重其与现代生活方式的融合。传统文化不应僵化不变，而应与时俱进。在保护传统文化的基础上，人们应探索其在现代生活中的应用方式。例如，将传统手工艺融入现代家居、特色民宿、酒店等环境艺术设计中，或者将传统节庆活动与现代社区活动相结合。这种融合不仅能够使传统文化更加生动活泼，还能够使其更加贴近现代人的生活。

5. 地域文化的多方培育

重视和强化地方特色文化，不仅能够促进地域文化的多样性和独特性发展，还能够增强当地居民的文化自豪感，并为文化旅游和文化经济的发展提供动力。

其一，支持地方文化活动是培育地域文化的关键。其包括组织和资助各类地方文化节庆、民间艺术展演、传统手工艺展览等活动。这些活动不仅可以展示和弘扬地方文化的独特魅力，还可以使当地居民更加直接地参与到文化传承和文化发展中。地方文化活动能够吸引外地游客，促进其进行文化交流和理解。其二，鼓励地方文化创新对于地域文化的培育同样重要。创新是文化发展的重要动力，鼓励地方艺术家、设计师和手工艺人结合陕北文化特色，创作具有时代感和创新性的文艺作品，可以使传统文化焕发新的活力，有助于提高地方文化在更广阔领域内的知名度和影响力。其三，打造地方文化品牌也是培育地域文化的重要途径。通过建立具有地方特色的文化品牌，人们可以更有效地将地方文化推广到国内外市场。这不仅有利于当地文化的传播，还有利于带动地方经济的发展。例如，打造特色文化旅游项目，可以吸引游客体验地方文化，并增加当地文化产品的附加值。其四，地域文化的培育还需要地方政府、文化机构、社区组织和民间团体等多方的共同参与和合作。这种合作能够整合各方资源，形成文化保护和发展的合力。例如，地方政府可以制定相关政策和提供资金支持，文化机构可以提供专业指导和技术支持，社区组织和民间团体则可以参与文化活动的组织和推广。

（三）充分调动陕北民间美术资源产业化利益相关方的积极作用

在陕北民间美术资源产业化的体制机制建设过程中，政府充分调动村干部、新乡贤、传统手艺人、返乡大学生的积极性是关键。

1. 村干部的角色定位与激励机制

明确村干部在文化传承中的角色定位至关重要。他们不仅是农村社区的行政管理者，更是文化保护的倡导者和组织者。在这些角色中，村干部需要积极推动和支持各类传统文化保护和传承活动，如传统节庆的组织、传统艺术的展示以及文化遗产的保护工作。村干部还应发挥桥梁作用，将农民的文化需求和建议传递给上级文化部门，促进上下级在文化建设工作中的有效沟通。建立针对村干部的激励机制对于激发他们在文化传承工作中的积极性非常重要。这些可以通过评优奖励、职业培训等方式实现。例如，对于在传统文化传承工作中表现突出的村干部，相关部门可以通过表彰、奖励或提供进一步的职业发展机会等方式进行鼓励。通过定期举办文化保护和管理方面的培训，相关部门可以提升村干部在这一领域的专业管理能力。确保村干部在文化传承活动中拥有足够的资源和支持也非常关键，包括必要的财政资金、物资设备以及专业指导等。只有在充足的资源支持下，村干部才能有效地开展文化传承活动，从而推动传统文化保护工作的开展。

2. 新乡贤引领乡村文化

新乡贤的社区引领发挥着至关重要的作用。新乡贤作为乡村具有影响力的人士，通常拥有较高的教育水平或特殊技能，他们在促进传统文化的传承中发挥出独特而重要的作用。新乡贤可以参与到文化传承的规划和实施中。他们通常具有较好的教育背景和社会经验，能够更好地理解传统文化的价值，并将其与现代社会相结合。新乡贤可以协助制订文化传承计划，提出切实可行的建议和策略。例如，他们可以协助设计文化教育课程，或者规划乡村文化活动，使这些活动更加贴近当代社会的需求，同时不失传统文化的精髓。新乡贤可以利用自身的影响力来推广传统文化。一方面，他们在乡村中的威望和影响力可以帮助乡民增强对传统文化的认同感。例如，新乡贤可以通过组织和参与文化活动、公开演讲、撰写文章等方式，向乡民宣传传统文化的重要性，激发他们对传统文化的兴趣和热情。另一方面，新乡贤可以将乡村特色文化带进城市，在与城市文化的碰撞中，传统文化得到进一步传承与发展。新乡贤可以作为文化传承的榜样，通过自身的行为和实践，展示对传统文化的尊重和维护。新乡贤在连接政府、文化机构与乡民之间的沟通中也扮演着关键角色。他们可以作为乡民意见的代言人，向政府和文化机构反映乡村在文化传承方面的需求和建议。他们还可以帮助政府和文化机构更好地了解乡村地区的文化现状和需求，从而使乡村文化产业的政策和措施更加符合实际情况。

3. 传统手艺人的保护与培养

作为传统文化传承的重要承载者，传统手艺人不仅是技艺的传播者，还是文化发展的见证者。因此，确保他们的权益受到保护，提供适宜的工作环境和市场机会，对于传统文化的传承和持续发展至关重要。

制定相应的政策来保障传统手艺人的权益是基础。这包括确保他们的知识产权得到保护、提供公平的市场准入机会，以及确保他们的劳动条件符合标准。这些政策的制定和实施，不仅能够保障手艺人的基本权益，还能激励他们更好地传承和发展传统技艺。提供适宜的工作环境和市场机会对于传统手艺人同样重要。这意味着创造有利于手艺人发展的物质和文化环境，如提供工作场所、设备支持以及销售平台等。组织各类展览和交易会等活动，可以为手艺人提供展示和销售自己作品的机会。重视对新一代手艺人的培养也是确保传统手艺有效传承的关键。开设民间美术培训班、提供学徒机会、建立师徒传承系统等方式，不仅可以帮助年轻一代学习传统技艺，还能促进传统手艺与现代社会的融合。通过这些培训和学习机会，新一代手艺人能够在传承传统技艺时，吸收现代设计理念和市场营销知识，使传统手艺更加适应现代市场的需求。

4. 返乡大学生的创新与参与

返乡大学生作为新一代知识和信息的传播者，在传统文化的现代化传播、创新改造以及乡村文化活动中发挥着独特的作用。

鼓励返乡大学生将所学知识应用于传统文化的现代化传播至关重要。特别是美术、设计、文化产业等专业的大学生，可以利用自己掌握的专业知识、现代信息技术和媒体工具，如社交媒体、视频平台等，对传统文化进行宣传和推广。创新的方式，如制作传统文化主题的短视频、博客或图文故事，可以吸引更多年轻人对传统文化产生兴趣，提高传统文化的现代影响力。返乡大学生可以参与到传统文化的现代化改造项目中，不仅包括对传统艺术形式的创新表达，还包括对传统手工艺的现代化设计、生产和营销，并通过将传统文化与现代设计理念结合，创造出既保留传统精髓又符合现代审美的文化产品，从而有效地提高民间美术资源的市场价值和社会影响力。

应重视建立校地合作机制，促进高校与乡村在文化项目中的深度合作。还要加大地方高校的科研向乡村的辐射力度，将高校产学研项目向乡村文化建设倾斜。可以在高校设立乡村文化建设奖学金、乡村文化实习项目等方式鼓励大学生参与到乡村文化事业中。提供奖学金，可以激励大学生在学术上进行传统文化的研究和探索；实习项目则能够提供实践机会，使大学生能够在文化机构、非政府组织或文化企业中参与到实际乡村文化项目中，从而增强他们对传统文化的理解，提高他们的实际操作能力。这种合作可以为大学生提供更多的实践平台，也可以为陕北民间美术资源产业化发展带来新的活力和创意。

5. 乡民参与与反馈机制

鼓励乡村居民积极参与文化传承的各个环节，包括让乡村居民参与文化活动的规划、组织和实施等。例如，可以通过村民会议、工作坊等形式，让居民在文化节庆活动的筹划中发表意见，或者在传统手工艺的展示和教学中扮演角色。这种参与不仅有助于乡村居民对传统文化的认识和尊重，还有助于增强他们的归属感和自豪感。建立有效的反馈机制也至关重要，政府和相关部门需要收集乡村居民对文化传承活动的意见和建议，并将这些反馈意见纳入未来活动的规划和改进中。例如，可以通过问卷调查、社区讨论会等方式了解居民对于文化活动的满意度、改进建议等，确保文化活动更加贴近乡村居民的实际需求和期望。乡民参与机制的建立还应包括对乡村居民的教育和培训。举办文化知识讲座、技艺工作坊等，可以加深乡村居民对传统文化的理解，从而使他们在文化传承活动中发挥更加积极的作用。政府和相关部门应提供必要的支持，以促进乡村居民的有效参与，包括提供资金支持、场地设施、专业指导等，确保乡村居民文化传承活动获得更好的效果。

6. 跨部门协作与资源整合

跨部门协作与资源整合是陕北民间美术资源产业化发展的关键环节，要求建立一个包括政府、教育、文化等多个部门的协作机制，以确保各方资源和力量最大化发挥作用。

建立信息共享平台是跨部门协作的基础。通过这个平台，各个部门可以分享关于乡村文化产业的信息，如保护现状、存在的问题、需要的资源等。这不仅有助于各部门之间的相互了解和沟通，也有助于促进各方在决策和行动上的协调一致。协调各方面的政策和活动对于资源整合同样重要，包括确保各部门制定的政策和举办的活动能够相互支持和补充，避免资源浪费和工作重叠。例如，文化部门在举办传统文化节庆活动时，可以与教育部门合作，将这些活动纳入学校教育课程；也可以与旅游部门合作，将其作为吸引游客的文化活动。促进资源的有效分配和使用也是跨部门协作的关键。有效协调各部门的资源，可以更高效地利用有限的资源。例如，政府可以负责提供必要的资金支持，文化部门负责专业指导和人才培养，教育部门负责将传统文化纳入教学体系，旅游部门则可以利用这些文化资源开发旅游产品，这样的协作能够有效提高资源的利用效率。

7. 城乡、区县、乡镇联动，实现规模化发展

在陕北民间美术资源产业化发展的过程中，城乡联动与区县联动相结合，并实现规模化发展是提高产业竞争力和抗风险能力的重要策略。

在发展过程中，民间美术资源产业化不仅要注重对传统技艺的保护和传承，还要探索创新的发展模式，使传统艺术与现代市场需求相结合。乡村文化产业的合作化发展模式是关键。这意味着陕北乡村文化产业发展不是要依靠单一村镇或社区的力量，而是要通过城乡、区县、乡镇联动，整合资源，共同发展。例如，陕北地区的不同村镇可以在文化资源开发上进行合作，形成更大规模的文化产业联合体。这种合作不仅能够扩大文化产业的规模，还能够提高产业的集中度和竞争力。

民间美术资源规模化发展是提高抗风险能力的重要方式。规模化发展可以有效地整合资源，降低成本，提高效率。陕北地区可以通过规模化发展，将相邻地域的文化产业进行整合，这不仅可以扩大同类型乡村文化产业的规模，还可以吸引更多的投资，形成良性循环。民间美术资源产业化发展还应注重跨领域、跨行业的合作。例如，将陕北民间美术资源与旅游业、教育业、媒体业等其他行业相结合，可以实现产业的多元化和创新型发展。这种跨界合作不仅能够拓宽乡村文化产业的发展空间，还能够提供更加多元化的服务和产品，满足不同消费者的需求。民间美术资源产业化发展还应注意不同文化产业类型间的互补性。陕北地区的不同村镇拥有各自独特的品牌民间美术资源，这些资源进行整合和优势互补，可以形成具有独特魅力的乡村文化产业集群。这种互补性的发展模式不仅可以充分利用和发挥各地区的特色民间美术资源，还可以促进乡村文化产业的整体竞争力的提高和可持续发展。

二、创造完善的陕北民间美术资源产业化发展的文化生态环境

在陕北民间美术资源产业化发展的过程中，创造完善的发展环境是至关重要的。特别是在陕北地区，民间美术资源丰富，对其进行开发和利用需要相对完善的基础设施的支撑。乡村相比城市在基础设施建设方面往往存在一定的差距，这在一定程度上限制了文化产业的发展潜力。政府在促进乡村文化产业发展中的作用不容忽视，需要加大对基础设施的投入，包括道路、水电、通信等，为文化产业的发展提供必要的物质环境。这种投入不仅有助于改善乡村的生活条件，还有助于促进乡村文化产业的发展。

（一）县级文化中心的建设与作用

文化中心的建设和运营能够促进民间美术资源产业化的发展。首先，文化中心应提供一个多功能的空间，不仅可以用于学习和展示陕北传统民俗文化，还可以用作乡村居民交流思想和分享文化经验的平台。为了有效地发挥这一作用，文化中心应创设灵活可变的空间，能够根据不同活动的需要进行相应的调整和布局。例如，展览区可用于销售当地的手工艺品和艺术作品，也可以作为举办小型讲座和研讨会的场所。文化中心应配备必要的设施和提供一定的技术支持，如音响系统、投影设备和互动媒体设施等，以丰富其功能并吸引更多的民众参与。

在活动策划方面，文化中心应举办各种与陕北传统民俗文化相关的活动，以促进乡村居民加深对本土文化的认识，形成自豪感。这些活动包括传统节日庆典、民间美术展览、专题讲座和文化工作坊等。举办传统节日庆典可以加深居民对本土文化的认识，增强参与感；展览和讲座则可以提供更深层次的文化知识和历史背景；工作坊可以邀请当地的传承人和手工艺人教授具体的传统民间技艺，如传统剪纸、雕刻或刺绣等，从而提高参与者的实践经验和技能。这些活动不仅可以丰富乡村居民的文化生活，还可以促进不同年龄和背景的乡村成员之间的交流与合作，提高乡村的凝聚力。

（二）县级图书馆具有保护传承陕北乡村传统文化的功能

县级图书馆能够有效地保存和传播陕北乡村的传统文化。首先，图书馆应重视收藏与陕北传统文化相关的书籍、文献和档案，包括古老的文献和经典著作，还包括关于当地历史、民俗、艺术和语言的研究成果。为了更好地保存这些珍贵的文化资源，图书馆需要配备适当的保存设施和技术，确保这些资料的长期安全和完整性。图书馆应积极收集和整理当地居民的口述历史和民间故事，这些非物质文化遗产是传统文化传承中不可或缺的部分。除了收藏工作之外，图书馆还应通过各种形式的活动来激发乡村居民对传统文化的学习兴趣。例如，图书馆可以组织阅读活动、文化讲座、主题展览等，这些活动不仅能够给居民提供更多的了解传统文化的机会，还能够激发他们对本土文化的探索和研究兴趣。特别是对年轻一代而言，这些活动可以帮助他们加深对传统民间文化的认识。图书馆可以与学校、文化中心和当地艺术家合作，举办研讨会和工作坊，提供更深入的文化体验和学习机会。图书馆不仅是知识的储藏室，更是传统文化传承和发展的活跃平台。

（三）县级博物馆对陕北文化遗产资源的保护与展示

县级博物馆能够长期展示和保护陕北乡村文化遗产资源。博物馆应采取有效的方法来收集、整理和展示物质和非物质文化遗产资源，包括从陕北乡村地区广泛搜集的传统工艺品、民间艺术品、历史文献及口述历史等。为了确保这些文化遗产得到妥善保护，博物馆需要采用专业的保存技术，并定期进行维护。展示方式应有所创新，不要限于传统的展览形式，可以采用互动展览、数字化展示等方式，使展示更加生动有趣，提高公众的参与度。博物馆还可以作为教育和研究的基地。通过与学校和学术机构合作，博物馆可以开展各种教育项目，如课外教学、讲座、研讨会等，以提高公众特别是青少年对乡村文化遗产的认识。博物馆可以与研究人员合作，进行学术研究和文化交流，促进人们对陕北乡村文化遗产有更深入的研究和理解。这样不仅可以促进人们对文化遗产的保护，还可以为陕北乡村文化的传承和发展提供学术支持。

（四）民间艺术工作坊在传统技艺传承中的作用

建立民间艺术工作坊，特别是专注于传统手工艺和艺术形式的工作坊，对于陕北民间美术资源的产业化有着重要作用。民间艺术工作坊应致力于创建一个既适合创作又便于教学的环境。这意味着工作坊不仅要配备必要的工具和材料，还应设计成能够容纳不同类型活动的空间。例如，对于陶艺、木工或编织等传统工艺，工作坊应有足够的空间供民间艺人工作，也要考虑教学和展示的需要。工作坊应定期组织开放日和展览活动，让更多人有机会接触和了解这些传统技艺。在运营策略上，艺术工作坊应重视传统技艺传承人与学习者之间的互动，不仅可以包括传统的师徒学习模式，也可以包括短期课程和互动讲座等多种形式。这样的安排有助于传承人将自己的知识和技能传授给下一代，也可以为学习者提供实践和创新的机会。民间艺术工作坊可以与当地学校和社区合作，开展教育项目，激发青少年对传统技艺的兴趣。通过这些策略，民间艺术工作坊将成为传统技艺保存和发展的重要基地，为提高陕北文化生活质量和促进文化多样性发展做出贡献。个体师徒制主要是培养陕北民间美术传承人，另外，传承人的培养还需要有设计师参与教学，为陕北民间美术的活态传承与匠心创造提供有力的创意支撑。群体培训制主要是陕北民间美术的普及性技能培训，为陕北民间美术资源产业化提供技能支撑。

三、保障陕北民间美术资源产业化发展的财力支持

在乡村振兴的背景下，政府应加大对民间美术资源产业建设资金的投入，并通过多渠道和多方面的努力来筹集资金，以解决乡村文化产业发展的资金短缺问题。

各级政府在加大自身对乡村文化产业投入力度的同时，应建立以政府为引导、企业为主体、注入民营资本、引进外资的多元化、多层次、多渠道的投融资机制，广泛吸引社会资本进入乡村文化建设领域，实现乡村文化服务

投资主体多元化。设立乡村特色文化建设专项资金，主要用于年度重点文艺工程和基础文化设施建设。积极利用政府和市场并行的"双轨制"，建立"政府购买服务"的机制，引导企业与乡村进行有效对接，鼓励企业以购买、参股、合作等方式参与艺术团体改制，投资乡村文化产业。重点支持乡村有实力的文化团体做大做强，积极发展各类文艺传媒公司、中介机构，重点扶持城乡文艺能人组建各类民间美术团体组织。发挥中介机构和文艺经纪人的作用，宣传与推广陕北民间文化产业的特色品牌。借助民间协会组织广泛联系艺术家、文化名人和优秀企业家的优势，支持民间协会组织承办各类文艺活动，形成文化管理的社会网络体系和社会办文化的格局。

政府应设立专项资金支持机制。政府提供的资金专门用于保障乡村文化产业的开发，确保文化产业的发展拥有充足且稳定的财政支持。政府还应加强对这些专项资金使用的监管。监管工作的核心是确保资金的专款专用，防止资金被挪用或滥用。这一过程涉及严格的财务审计和项目审查，确保每一笔资金都被有效、合理地用于陕北乡村特色文化产业发展。通过建立这样一个专门的资金支持和监管机制，政府不仅能够直接支持乡村特色文化产业发展的工作，还能提高资金使用的透明度和效率。这有助于构建一个健康、可持续的文化传承环境，促进陕北乡村特色文化产业的长效发展。另外，政府应建立乡村特色文化产业的收益评估机制，掌握乡村文化产业的收益情况，以确保相关制度政策与资金投入效益的有效发挥。

陕北各地政府相关主管部门应当按照市场规律开发并合理利用民间美术资源，对相应市场主体进行宏观管理，并通过设立扶持资金等方式资助民间美术产品及服务的生产企业和个体作坊，同时建立旨在向民间美术的生产企业和个体作坊进行项目资助、贴息贷款以及奖励项目发展的专项基金，支持和鼓励有较大发展空间的优质项目的市场化运营管理。对优质项目进行评选和支持，建立科学、客观的评价指标体系，严格按照科学的执行程序，使政府专项基金能够真正扶持那些市场发展潜力巨大、科技含量较高、具有较大发展空间的优质文化企业或个体工作坊，以创造更大的市场利润，实现社会效益，确保陕北乡村文化产业发展目标的有效实现，并以此来体现政府专项资金在发展乡村文化建设方面的公平性和普适性。

为了在社会层面保障陕北民间美术资源产业的发展，政府需要广泛地吸收社会资本并建立一个综合的资金援助机制。相关部门通过减免税等激励措施，鼓励和引导民间资本参与到陕北乡村文化产业开发中。这些激励措施将降低民间投资者的成本，提高他们对乡村特色文化项目投资的积极性。这样的政策调整可以吸引更多民间资本参与到乡村特色文化的保护和发展中来，从而形成政府支持与民间投资并行的良性互动，包括对现有文化资源的投资和开发，还包括新型文化产业的创立和运营。通过吸纳民间资本，政府可以为陕北民间美术资源产业开发提供必要的资金支持，从而促进整个乡村优秀传统文化的经济价值和社会影响力的提高。政府还应着重支持民间艺人和文化实体的经营活动，包括提供必要的资金援助和政策支持，帮助他们更好地经营和发展以乡村特色文化为核心的各种文化活动和产品。政府对民间艺人和文化实体的扶持不仅有助于保护和传承传统文化，还有助于促进地方文化的创新和多元化发展。社会资本还应被鼓励投资于乡村优秀传统文化的公益事业。这类投资可以通过支持文化教育、传承活动、文化遗产保护等方式，为陕北乡村优秀传统文化的长期发展提供更为稳定和持久的支持。

为了确保陕北乡村特色文化的持续传承，政府要建立一个长效的资金投入机制。这种机制将为保护和传承乡村传统特色文化提供持续且稳定的财政支持，从而确保一些文化活动不会因资金短缺而受限。这种长效的资金投入机制不仅有助于满足陕北乡村特色文化建设的即时资金需求，还有助于为其长远发展提供坚实的财政保障。

在陕北民间美术资源的产业化开发过程中，资金的支持扮演着至关重要的角色。这种支持应深入文化保护、传承与产业发展的各个层面。

（一）文化遗产保护资金

陕北乡村旅游在持续发展的过程中对文化遗产资源保护资金的有效运用至关重要。不仅因为它直接关系到历史遗迹、传统建筑和非物质文化遗产资源的保护，而且因为它能够显著提高旅游体验的质量。

1. 陕北文化遗产资源的保护与发展

历史遗迹与传统建筑的修复与维护是文化遗产保护领域的重要组成部分，对于保留陕北乡村地区的历史面貌具有至关重要的作用。政府拨款专项资金用于修复和维护古老建筑和历史遗迹。修复和维护工作应当遵循保护原则，确保建筑和遗迹的原有风貌得到尽可能的保留和恢复。对于历史建筑和遗迹的结构修复，需要专业的技术和工艺，包括建筑材料的选择、修复技术的运用以及对古建筑结构的理解。在这个过程中，我们不仅要确保建筑的安全稳固，更要保留其历史痕迹和文化特征。对历史建筑和遗迹的维护不仅能保留陕北乡村地区的历史面貌，还能作为教育和旅游资源，加深公众对陕北文化和历史的感知。通过参观传统建筑和遗迹，游客和当地居民可以更深入地了解陕北的历史和文化，从而加深对文化遗产的认识。

非物质文化遗产的传承与发展是文化保护领域的关键任务。政府资金的投入对于支持各类非物质文化遗产项目至关重要。这种资金支持不仅包括对艺术形式本身的保护，还包括对传承人的培训和推广活动的支持。传承人作为非物质文化遗产的传播者，对他们的培训直接关系到这些文化形式的生存和发展。

2. 数字化保护与传播

利用数字化手段保护文化遗产可以有效地避免其物理损耗和环境侵蚀。建立虚拟博物馆和数字化文化遗产档案，不仅能够长久保存文化遗产的详细信息，还能够重现其原貌和历史场景，为研究和教育提供宝贵资源。这种方法特别适用于那些易受自然和人为因素影响的脆弱文化遗产。用在线文化展览等数字化形式传播文化遗产，可以让更广泛的受众通过网络平台接触和了解乡村的传统文化。这种传播方式不受地域和时间的限制，可以使全球观众轻松访问和体验丰富的文化内容。数字化展览还能提供互动性和参与性更强的体验。

(二) 陕北乡村旅游项目与文化活动资助

为了促进陕北乡村旅游和特色文化产业的发展，政府应该实施一系列有针对性的资金支持措施。这些措施应该着重于融合传统文化元素的乡村旅游项目和文化活动。

1. 对传统节庆活动的资助

对传统节庆活动的资助是政府在文化传承和旅游发展方面的重要举措。政府为陕北乡村地区的传统节庆活动提供资金支持，不仅是文化传承的重要方式，也是吸引游客的重要途径。资金支持可以用于组织和举办各种传统节庆活动。这些活动通常包括民俗表演、特色手工艺展示、地方特色美食节等。传统艺术表演，如民歌、舞蹈和戏剧，能够将乡村的历史故事、民间传说和文化特色生动地呈现给观众，增加文化活动的吸引力和教育价值。这些活动的举办有助于保护和展示乡村地区的文化特色。游客可以直接体验和了解当地的文化传统和社会习俗。许多传统庆典由于各种原因逐渐被遗忘或缩减规模，政府资金的投入可以帮助其恢复原始风貌和规模，使之再次成为当地文化生活的重要组成部分。

2. 对民间艺术展示的推广

政府对陕北乡村地区民间艺术展示项目的资助是文化传承和艺术发展的重要措施。这些展览可以是关于传统手工艺、民间绘画或雕塑的，旨在向公众展示陕北乡村地区丰富多彩的文化艺术。政府的资助可以确保这些艺术展览的质量和影响力，使其成为传承文化和教育公众的重要途径。对民间艺人作品展示的资助不仅可以帮助他们获得更广泛的认可，还可以提高其作品的知名度和影响力。民间艺人往往拥有独特的艺术视角和创作风格，他们的作品是当地文化传统的重要体现。

3. 对手工艺人工作坊的支持

在陕北乡村地区建立和运营手工艺人工作坊是对传统手工艺品保护和发展的重要投入。这些工作坊作为传统手工艺技能传承的重要场所，为游客提供了可以亲身体验和学习传统手工艺的理想环境。

政府的资助可以用于购买必要的设备和改善工作坊的基础设施，包括提供适宜的工具、材料以及其他必需的设施，确保手工艺人有足够的资源进行创作和教学。改善工作坊的设施，如提供适宜的照明和工作空间，可以为手工艺人创造一个更加舒适和高效的工作环境。政府资助还可以用于提供专业培训和组织交流活动。通过培训，手工艺人可以获得专业指导，提高技艺和创新能力。交流活动则为手工艺人提供了一个分享经验、学习新技能和开阔视野的平台。这些工作坊不仅是技能传授的平台，也是文化交流的场所。当地居民和游客直接参与到传统手工艺的学习和制作中，通过亲自体验制作过程，能够更深刻地理解和欣赏这些传统工艺，从而增强对乡村文化的认同感。

4. 对乡村旅游项目的开发

民间美术作为活态性乡土文化，让具有厚重历史气息且源远流长的农耕文明在时代变迁中焕发生机，展现出独特的魅力与风采。它凝聚着数千年文化的精粹，兼有人文与经济、技术与艺术等多重属性，蕴含着乡村振兴的原始密码，是乡村文旅融合的核心竞争力之一。应发展基于文化教育的生态旅游项目。陕北乡村地区拥有丰富的自然和文化资源，这为开展生态旅游提供了得天独厚的条件。政府与当地人合作，以共同开发和推广生态旅游线路和产品。这些线路和产品包括参观历史古迹、体验传统工艺、品尝当地美食等，让游客能够亲身感受陕北乡村的文化魅力。在实施这一策略时，应注重保护乡村的自然和文化环境。这意味着在开发旅游项目时，政府要进行充分评估和规划，确保对当地环境和社区的影响最小化。政府可以通过制定相关法规和规范，限制过度开发和破坏行为，鼓励游客参与环境保护和文化传承活动。

为了增加陕北乡村地区的旅游吸引力，我们可以开展丰富多样的陕北传统文化体验活动。这些活动包括传统工艺制作、农耕文化体验、民间艺术表演等，让游客能够亲身参与乡村的传统文化活动，进行沉浸式的文化体验。为了增强游客的参与度和互动性，我们可以采用工作坊、讲座、演示等多种形式，让游客直接参与到柳编、陶艺、布堆画、刺绣的制作过程中，使游客在参与中更深入地了解陕北的历史和文化，亲身感受传统文化的魅力和乐趣。建立传统工艺展示中心和举办文化节庆活动，也是增加乡村旅游吸引力的重要途径。传统工艺展示中心可以作为一个集中展示和销售乡村传统工艺品的平台，让游客了解和购买到正宗的手工艺品。

5. 合作与联动机制建立

建立陕北乡村旅游项目与其他行业之间的合作与联动机制是推动旅游产业创新发展的重要策略。这种跨界合作不仅能带来更多创新的旅游产品和服务，还能丰富游客的体验，并为传统文化的传承提供更多元的途径。

鼓励陕北乡村旅游项目与文化、教育、艺术等领域的合作可以创造更多综合性的旅游体验。例如，与当地的文化机构合作，可以开发包括艺术展览、文化讲座、历史教育活动在内的文化旅游产品。跨界合作还可以促进创新的旅游服务模式的发展。例如，与教育机构合作，可以开发教育旅游项目，如学生实地考察、文化体验营等，不仅能够提供知识性和教育性较强的旅游产品，也有助于培养年轻一代对传统文化的兴趣和理解。政府与艺术领域的合作，可以为游客提供更加丰富多彩的艺术体验，如艺术创作工作坊、现场艺术表演等。这种合作不仅能够吸引对文化艺术感兴趣的游客，还能为当地艺人提供展示自己作品的平台。

(三) 培训与教育资金

政府应积极投入资金，支持和加强乡村社区的文化教育和专业技能培训，以确保陕北民间特色文化的有效传承和乡村旅游业的可持续发展。

1. 技能培训资金

政府为陕北传统手工艺人提供技能培训资金是维护和发展传统工艺的关

键因素，不仅可以确保传统技艺获得保护，还能够适应现代市场的需求，并以创新的方式进行传承。

政府的资金支持应专注于提升传统手工艺人的技能，如编织、陶艺、雕刻等技能。政府可以为手工艺人提供专业的培训课程，通过这些课程，手工艺人可以学习到更先进的制作技巧和设计理念，从而提高工艺水平，确保传统工艺的质量和美学价值得到提高。政府还应为手工艺人提供新技术的培训；分类培训，如数字化工艺培训；电脑辅助设计培训，主要以设计师为主，传承人、民间艺人为辅；在线销售技巧培训，如电子商务、社交媒体营销等。政府的技能培训资金支持还有助于提升手工艺人的创新能力。通过学习新技术和掌握现代市场趋势，手工艺人可以在传统工艺的基础上进行创新，开发出更符合现代消费者需求的产品。

2. 青少年文化教育支持

对学校和社区中心的文化教育项目投资是激发年轻一代对本地传统文化认同的有效途径。这种投资可以通过多种方式实现，包括将陕北本地文化元素融入教育课程、组织参观文化遗址，以及邀请艺术家和手工艺人进行实地教学等。

将陕北本土文化融入特色校本课程是加深学生对传统文化理解的重要手段。例如，历史课程可以包括当地的历史故事和文化遗产，美术课程可以教授当地的民间传统美术技巧。这种教育方式有助于学生更好地认识家乡民俗文化。组织学生参观当地文化遗址是另一种有效的教育方法。可以组织学生参观博物馆、历史建筑、艺术展览和手工艺工作坊等，通过实地参观，学生可以直观地了解当地的历史和文化，这种体验通常比课堂学习更加深刻和持久。此外，还可以邀请艺术家和手工艺人进入学校进行实地教学，进而让学生获得更加直接的学习体验。

3. 陕北旅游从业者培训

为旅游从业者提供培训资金是提高旅游业服务质量和促进文化传播的有效手段。通过专业培训，有助于旅游从业者更好地理解当地文化，进而向游客提供更加优质的服务。

语言培训是旅游从业者培训的重要内容。掌握多种语言能够帮助旅游从业者更好地与不同国家和地区的游客沟通。语言培训不仅包括外语培训，也包括本地方言的培训，以便旅游从业者能够更熟练地使用方言，进而更准确地传达当地文化的独特性。良好的服务对于提高游客的体验感至关重要，因此，旅游从业者需要通过培训学习解决客户问题的技巧、提供优质服务的方法以及处理紧急情况的能力，进而为游客提供更加优质的服务，显著提高游客对旅游体验的满意度。为了更好地向游客介绍和展示陕北文化旅游从业者还应通过培训学习有关陕北历史、民间艺术、民俗文化和重要地标的知识，以及如何将这些信息更高高效地传递给游客。此外，旅游从业者还应学习如何利用现代媒介和技术手段进行文化展示，以提高介绍的互动性和吸引力。

4. 社区文化活动资助

资助社区中心举办陕北民俗文化活动和非遗工作坊是促进文化交流和学习的有效途径，这些活动能够加深社区成员对本土文化的认识。

资助社区中心举办民间故事讲座，可以帮助社区成员更好地了解陕北的历史和文化。社区中心可以邀请当地的历史学者、作家或老一辈的传统故事讲述者讲述各种民间故事、历史传说，传播陕北的文化知识和价值观念。社区中心可以组织传统音乐和舞蹈表演，社区成员可以直接体验本土文化的艺术魅力。这些表演不仅是文化娱乐活动，也是传承和展示当地艺术的平台。社区中心还可以组织手工艺制作体验工作坊，使参与者亲自体验和学习传统手工艺，如编织、陶艺、刺绣等，从而加深对传统手工艺的认识和尊重。这些民俗文化活动和非遗工作坊可以促进社区内部的文化交流和团结合作。通过参与这些活动，社区成员不仅能学习新技能和新知识，还能加强与邻居之间的联系，共同分享本土文化。

5. 跨文化交流项目

支持跨文化交流项目是促进文化多样性发展的重要方式。通过邀请外地或国外艺术家到乡村、社区进行交流与合作，不仅可以促进人们相互学习，还可以激发人们产生新的创意和灵感。

邀请外地或国外艺术家参与乡村、社区的跨文化交流活动，艺术家们可以通过工作坊、演讲、展览和实地合作项目，与当地社区居民共享他们的艺术理念和创作技巧。这种交流有助于扩展当地居民的文化视野，提高他们对不同文化艺术的鉴赏能力，激发他们产生新的艺术创作灵感。不同文化背景的艺术家还可以相互合作，进而产生新的创意，以促进艺术创作的多样性发展。这种创新不仅可以丰富陕北文化艺术的表现形式，还可以提高陕北艺术的影响力。跨文化交流项目还可以加强乡村社区与外界的联系。通过与外地或国外艺术家的合作，乡村、社区可以更好地展示其独特的文化，也有助于提高陕北文化的知名度，为当地经济发展带来新的机遇。

6. 网络教育平台建设

投资建设网络教育平台是提升文化教育和培训质量的有效策略，可通过平台为受众提供在线文化教育资源，方便受众接触和学习陕北乡村的传统文化。

这种网络教育平台包含多种形式的学习资源，如视频教程、互动课件、在线讲座和研讨会等。这些资源可以涵盖多种主题，如传统手工艺技能、陕北历史和文化、民俗风情等，使学习者能够在家中便捷地接触和了解陕北乡村文化。网络教育平台的建设还可以促进文化知识的传播和普及，人们随时随地都可以在平台上获得有关陕北的文化资源，从而使陕北乡村文化的影响力得以扩散。网络教育平台的互动性可以增强人们的学习体验，例如，通过论坛或直播互动，学习者可以与讲师或其他学习者进行交流和讨论。此外，网络教育平台还可以为陕北乡村居民提供更多学习和发展的机会。例如，艺术家和手工艺人可以通过平台学习新技术，提升自己的技艺，或者通过平台展示和销售自己的作品，拓宽销售渠道。

（四）市场推广与品牌建设资金

在陕北民间美术资源产业化开发的过程中，市场推广与品牌建设的资金策略应专注于提升乡村文化旅游的吸引力和发展的可持续性。

1. 品牌故事和市场推广

政府可以通过举办文化节庆、工艺展览或传统表演等活动，使乡村的传统文化以新的形式呈现给游客。例如，文化节庆可以包含当地的节日庆典、民间艺术展示等；工艺展览可以展示传统手工艺品；传统表演则可以包括民歌、舞蹈和戏剧等。开发和推广乡村文化旅游品牌，不仅可以加深游客对乡村文化的认识，激发他们的兴趣，还能促进当地经济的发展。

在品牌建设中，我们认为陕北地方特色和历史文化故事是提高乡村旅游品牌吸引力和辨识度的关键。为了讲好品牌故事，本地设计师应深入挖掘乡村地区的历史背景和文化遗产，包括对当地历史遗迹的研究、对民俗风情的收集和整理，以及对传统手工艺的保护和发展。挖掘陕北民间独特的文化元素，可以形成有深度和有吸引力的品牌故事。品牌故事还应联系乡村地区的自然景观和地理特征，这些自然元素往往与当地的文化传统紧密相连。例如，黄土高原、黄河、文化遗址等自然景观可以成为品牌故事的元素，以增加品牌故事的视觉美感。品牌故事的传播应运用多种媒介和渠道，如网络平台、纸质材料和口头传播等。这些渠道可以更广泛地向目标受众讲述陕北乡村地区的品牌故事，从而提高陕北文化资源品牌的知名度和影响力。

市场推广资金可用于制作高质量的旅游宣传资料，包括印刷品如宣传册、旅游地图、海报，以及数字媒体内容，如视频、网站等。优质的宣传资料能够展现乡村旅游项目的独特魅力，吸引潜在游客的注意。参与国内外旅游展览是另一种有效的市场推广手段。在这些展览中，乡村旅游项目可以直接面向大量潜在的游客和旅游业合作伙伴。参展不仅有助于提高项目的知名度，还能与客户建立重要的商业联系，为后续的合作和发展奠定基础。此外，开发电子商务平台也是推广陕北乡村旅游项目的重要途径。

2. 建立合作伙伴关系

陕北民间文化企业、基地、工作坊与旅游业相关的企业和机构建立合作伙伴关系是推广乡村旅游品牌的有效策略。这种合作关系可以帮助乡村地区更有效地接入旅游市场，并利用旅游业合作伙伴的资源和专业知识来提高旅游服务的质量。

与旅行社的合作可以帮助乡村地区开发和推广特色旅游产品。旅行社可以根据乡村的独特文化和景观，设计吸引游客的旅游路线和套餐，包括文化体验之旅、生态游、农家乐等。旅行社可以协助乡村地区进行市场定位，制订营销策略，从而有效地吸引目标游客群体。与酒店的合作有助于增强游客的住宿体验感。酒店也可以作为文化体验的一部分，比如提供本地特色的餐饮和民俗装饰，增强游客的文化体验感。与航空公司等交通服务提供商的合作有助于提高乡村地区的可达性。与航空公司合作可以推广前往乡村地区的特价机票、定制航线等，使远程游客更容易到达乡村地区，增加乡村旅游的吸引力。

3. 乡村文化的国际化推广

乡村文化的国际化推广是将陕北乡村特色文化推广至全球的关键策略。在国际舞台上，陕北乡村地区的独特文化魅力可以吸引更多国际游客的注意。

国际旅游展会是展示陕北乡村文化的重要平台。在这些展会上，可以设置陕北传统文化展位，展示其特色民俗文化、旅游资源和手工艺品。直接与国际旅游经营者、媒体和潜在游客接触，可以有效地提高陕北乡村地区的国际知名度和吸引力。例如，2024 年 3 月，榆林绥德非遗亮相德国柏林国际会展中心，陕北非遗走出国门，与国际接轨。投资文化交流活动也是推广陕北乡村文化的有效手段，包括组织或参与文化节、艺术展览、音乐会等活动。在这些活动中，可以展示陕北乡村独特的文化遗产，如陕北民歌、陕北秧歌、陕北说书和传统手工艺品，从而吸引国际游客。数字媒体和在线平台也是国际化推广的重要途径。建立网站、社交媒体账号，录制在线视频，可以更广泛地传播陕北乡村的文化内容，并与国际受众互动，提高陕北文化的国际知名度。

（五）激励与奖励机制

1. 制订明确的评价标准

政府或相关部门制订明确的评价标准有利于促进乡村特色文化的保护与产业发展。这些标准应综合考虑文化传承的多个方面，以确保公正性和有效性。

文化传承的质量是评价标准的核心，包括对传统文化的准确理解、保护和传播等，以及对文化遗产的尊重。评价标准应考虑传统文化的原貌保持和精神传达的质量，确保文化传承的真实性和深度。创新性也是重要的评价维度，涉及个人或组织在传统文化保护与振兴方面所做的创新努力，如采用新技术、新方法来传承和推广传统文化，或将传统文化与现代元素相结合，创造新的文化表达形式。影响力是另一个关键评价指标，包括文化活动对社区、地区乃至对更大范围内受众的影响，如加强公众对传统文化的认识，促进文化多样化发展，以及在社会和经济层面产生积极效应。此外，可持续性也是评价标准中不可或缺的一部分。这意味着评价对象在促进传统文化保护与振兴的过程中，应注重资源的有效利用、环境保护，以及长期发展的规划，确保文化活动能够长期可持续发展。

2. 财政奖励与补贴

为了激励和支持在陕北乡村特色文化保护和产业化发展方面做出突出贡献的个人或机构，政府应积极提供财政奖励或补贴。这种财政支持旨在鼓励开展更多的文化活动和项目，以保护和传承陕北乡村的传统文化。

财政奖励或补贴可以直接用于资助那些成功的文化项目，尤其是那些具有显著成效和潜力的项目，包括但不限于民间美术、传统工艺、乡村历史文化的研究和项目。这种资金支持可以帮助这些项目持续运行，甚至扩大其规模和影响力。这些资金还可以用于改善文化设施的条件，如对文化中心、博物馆和工坊进行维修和升级，为当地居民和游客提供更好的文化体验。财政奖励或补贴也可以用于支持文化项目的进一步发展，如资助新项目的启动、提供专业培训或开展市场推广活动，以扩大陕北乡村传统文化项目的影响力，吸引更广泛的受众群体。

3. 荣誉认证和公开表彰

在传统文化保护与传承方面，政府和相关机构实施荣誉认证和公共表彰制度，对于表彰那些做出突出贡献的个人和机构具有重要意义。授予证书、奖杯或在公共场合进行表彰，不仅是对他们在文化保护和传承工作中取得的成就的认可，也是对其贡献的公开肯定。这样的表彰不仅可以提升获奖者的荣誉感，还能激励更多人参与到文化保护的工作中来。

荣誉认证和公开表彰可通过多种方式实现。例如，可以在重要的文化节日或特定的纪念活动中举办颁奖典礼，对有杰出贡献者进行表彰。这些活动可以通过媒体进行广泛传播，从而提高公众对传统文化保护与传承工作的关注。政府和相关机构可以在官方网站或出版物上发布获奖者的名单和贡献介绍，进一步增强其工作的社会影响力。此类荣誉认证和公开表彰还可以与一定的物质奖励相结合，如提供文化研究的资金支持或给予特定的文化资源使用权限。这种物质奖励和精神奖励结合的方式不仅表彰了个人或机构的成就，也为他们未来的文化工作提供了支持。

4. 项目支持与资源提供

政府为陕北乡村特色文化保护与产业开发项目提供特定的支持和资源可以确保这些项目有效发展并达成其文化保护的目标。这种支持可以采取多种形式，以适应不同项目的需求和特点。

专业培训是政府可以提供的重要支持之一，包括为从事乡村文化保护的人员、民间文化产业开发者提供关于传统技艺、文化遗产管理、文化市场营销等方面的培训。这样的培训可以帮助他们提升专业技能，更有效地进行文化传承和创新。技术援助是另一种关键支持。政府可以提供包括数字化工具、文化遗产记录设备、保护和修复技术等在内的技术支持。使陕北乡村文化保护项目使用现代技术手段来增强其保护和展示效果。市场接入支持也是至关重要的。政府可以帮助乡村文化项目开拓市场，包括连接潜在的客户群、参与文化产品交易会、建立在线销售平台等。这样的支持不仅可以提高项目的经济效益，也能提高陕北乡村文化的影响力。政府还可以提供政策咨询、资金援助、合作网络建立等多方面的支持，以帮助这些项目克服发展中的困难，实现健康持续发展。

5. 税收优惠政策

政府提供税收优惠或其他财政优惠政策是支持陕北乡村特色文化保护与产业开发的有效手段，特别是对于那些在这一领域表现突出的企业或项目来说，税收减免或其他财政优惠政策能够降低这些组织的运营成本，鼓励他们在文化保护和开发活动中投入更多资源。

税收优惠政策可以包括直接的税收减免、增值税退税、所得税优惠等。这些措施能够减轻企业或项目在财务上的负担，使其能够将更多资金和精力投入文化保护项目的开发和执行中。例如，对于致力于陕北传统手工艺复兴、陕北乡村文化遗产保护、乡土文化教育项目的企业或组织，政府可以提供税收上的激励，以促进这些企业或组织持续开展活动。除了直接的税收优惠，政府还可以提供如免费或优惠的土地使用权、文化项目资金补贴等其他形式的财政支持。这些政策能够为企业或项目在资源获取、项目执行等方面提供更大的便利。通过这些税收优惠和财政政策，政府不仅能够直接支持文化保护与产业发展，还能间接促进相关领域的经济活动，如旅游、手工艺品销售、文化交流活动等。推动陕北乡村传统文化的保护和产业开发，促进相关产业和地区经济的发展。

6. 建立长效激励机制

为了确保陕北乡村传统特色文化保护和产业开发的持续性与有效性，政府需要建立长期激励机制，不仅包括一次性的奖励，还包括持续的资金支持、政策倾斜等。长效激励机制的目的是为乡村文化保护和产业开发项目提供稳定的环境，使其能够长期持续发展，避免因资金或政策支持的中断而陷入困境。

持续的资金支持是这一激励机制的核心。政府可以通过多年的资助计划或长期合作协议，为文化项目提供稳定的资金来源。这种资金支持不仅可以用于项目的日常运营，还可以用于长期的项目规划和发展，例如建设或改善文化设施、进行文化研究、开发新的文化活动等。除了资金支持，政策倾斜也是长效激励机制的重要组成部分。政府可以通过提供税收优惠、简化审批流程、提供行政支持等方式，为陕北乡村文化保护和产业开发项目创造有利的政策环境。这些政策措施能够降低项目运营的难度和成本，鼓励更多的个人和机构参与到陕北乡村文化的保护和产业振兴中。政府还可以通过建立奖励和评估体系，定期评估文化项目的开展效果，并根据评估结果提供相应的奖励和支持。这种持续的评估和奖励机制能够激励项目负责人不断提高项目质量，确保项目的长期发展与创新。

四、完善陕北民间美术人才建设体系

（一）培训本土文化教育者和民间美术传承人

对本土文化教育者和民间美术传承人进行专业培训，旨在提高他们的教育能力和技艺传承水平，从而确保传统文化得以有效传承和长久发展。

1. 加强传统文化人才培养

为了充分发掘和利用陕北民间宝贵的文化资源，我们需要培养一支具备相关知识和技能的专业人才队伍。文化人才培养是陕北乡村文化长效发展的核心。政府通过实施对传统工艺的抢救与创新工程，开展传习、培训项目等方式，培养了一批具有综合能力的民间美术传承人。政府要鼓励民间美术传承人在乡村特色文化建设中发挥带头和示范作用。地方高校要承担起培养民间美术创作者和文化产业经营管理复合型人才，培养乡土文化人才，培育新型职业农民队伍的任务。

教育是培养具备基本文化素养和创新能力人才的基石。因此，加强对乡村地区教育的投入，如学校建设、教学设备更新、教师培训等，都是形成良好教育环境的关键。陕北地区应将民间美术等传统文化内容纳入大中小学教育体系，从小学到大学进行优秀传统文化的贯穿式教育。目前，延安和榆林地方性高校已设置了培养民间美术人才的专业，服务地方经济。

陕北地区可以通过举办民间美术等相关专业的培训，为乡村文化产业的发展培养专业人才。培训内容不仅应包括传统技艺的传授，还应涵盖市场营销、数字技术等现代知识，以适应文化产业的现代化需求。政府还应鼓励和支持乡村青年人才创新创业。例如，政府可以提供创业资金、税收优惠等支持，鼓励有志青年在乡村文化产业领域开展创新实践。这种方式可以激发乡村青年的创业热情，为乡村文化产业的发展注入新的活力。高等院校、科研机构的高层次文化产业人才和专家能够为乡村文化产业的发展提供知识和技术支持。可以通过定期举办研讨会、讲座、工作坊等形式提高乡村从业人员的专业技能，推动文化产业理论与实践的深度融合。

2. 教学技巧的提升

提升本土文化教育者的教学技巧是培训项目的主要内容。文化教育者需要规划课程设计和课程内容，确保教学活动既有系统性又能保持学习的连贯性，包括确定教学目标、选择合适的教学材料和制订灵活的教学计划。考虑到学生群体的多样性，文化教育者应针对不同年龄段的学生采取不同的教学方法。例如，对于青少年学生，教学方式可以更偏向游戏化和故事化，而对于成年学生，则应更注重文化内涵及制作技法讲授。文化教育者还需要掌握如何将复杂的文化知识转化为易于理解的内容。这要求文化教育者不仅要深入理解文化知识，还要能够有效地传达这些知识。

3. 文化知识的更新

为了确保传统文化教育的时效性和准确性，民间美术传承人和文化教育者应及时更新知识库。培训计划应包括对陕北民间传统文化的历史背景和发展脉络的深入教学。这不仅涉及文化的起源和演变，还涉及对其在不同历史时期的社会政治和经济背景的理解。例如，探讨陕北民间剪纸是如何伴随社会变迁而发展的，强调民间传统艺术在当代社会中的意义和应用及传统文化在现代社会中的新角色和新价值。培训还应涵盖相关的法律法规和文化保护政策教育。了解相关法律法规不仅对文化遗产的合法保护至关重要，还能在教学中引导学生正确理解和尊重文化遗产。培训内容可以包括国家和地方层面关于文化遗产保护的最新政策和规定，以及如何在日常教学和传承活动中落实这些政策。培训中还应介绍科学保护艺术品的方法，如传统艺术品的保养和修复技术等，以提高学员在文化保护方面的实践能力。

4. 现代教育方法的应用

在培训中应用现代教育方法能够有效提高教育效果，扩大传统文化的影响范围。在线教育平台能够提供灵活多样的教学资源，如视频教程、互动课堂和在线讨论区等，这些工具使学习变得更加便捷。例如，通过在线平台，民间美术传承人和文化教育者可以上传教学视频，组织线上研讨会，甚至开设专门的在线课程，从而覆盖更广泛的学习者群体。培训还应涉及虚拟现实技术在教学中的应用。虚拟现实技术为学习者提供了一种沉浸式的学习体验，学习者能够在虚拟环境中直观地体验传统文化。例如，利用 VR 技术模拟历史场景或文化活动，学生可以在虚拟环境中"亲身"参与，如参加传统节庆活动或在虚拟工作室中学习传统手工艺。这种方法可以使教学内容更加生动，使学生更深入地理解和感受传统文化。

5. 实践技能的强化

培训计划应重视实践操作的比重，确保每个学习者都有机会进行手工制作或操作练习。这需要提供相应的工具、材料和设施，以及一个安全、适宜的操作环境。例如，在教授泥塑制作时，学习者不仅需要理解泥塑的历史和文化内涵，还应在师傅的指导下亲自进行搭架、上泥、塑形等操作。培训还应包括对成品的评估和反馈，帮助学习者进一步提升技艺。由于学习者的学习速度和技能水平不同，培训中应提供个性化的指导和调整。这就意味着要根据学习者的学习进展和反馈调整教学内容和难度，甚至提供一对一的辅导。培训应鼓励学习者之间进行交流和合作，并通过小组合作项目，增强学习者之间的互动和共享。

6. 文化创新的鼓励

传统文化中蕴含着深厚的历史底蕴和独特的艺术魅力，与现代元素结合，能够使传统文化焕发新的生机与活力。这种结合不是简单的叠加，而是需要深入研究和探索，寻找传统文化与现代元素的契合点，使其融合得自然、和谐。为了实现这一目标，政府可以采取以下策略：一是开展跨界的合作与交流。传统文化与现代元素属于不同的领域，跨界合作可以打破领域间的壁垒，实现资源共享与互补。例如，文化界可以与设计界、科技界等进行合作，共同研发传统文化元素与现代审美相结合的产品。二是注重培养创新人才。创新是文化发展的关键，而人才是创新的源泉。培训中应该注重培养学员的创新意识和实践能力，鼓励他们勇于尝试、敢于创新。三是加强传统文化的研究与教育。只有通过深入研究，才能真正理解传统文化的精髓和价值，从而为其与现代元素的结合提供有力的支撑。培训中应设置相关的课程和研究项目，引导学员深入研究传统文化，挖掘其与现代社会的联系和结合点，还应鼓励其开发适应现代社会需要的新产品和新服务。

(二) 合理引进文化产业专业人才

在民间美术资源产业化的过程中，政府在人才引进方面的工作尤为关键。有效的人才引进策略不仅能为乡村文化产业的发展提供必要的人力资源，还能推动产业的创新与发展。

政府应创新人才引进方式，建立文化产业人才库，结合乡情激励和职业发展的双重诱因，吸引更多的人才投身于乡村文化产业的发展中。例如，对于有意愿回乡发展的文化产业专业人才，政府可以通过讲述家乡发展的前景和需求，唤醒他们对家乡的情感，激发他们参与家乡文化产业发展的热情。为了吸引并留住人才，政府需要为他们提供有吸引力的福利待遇和生活保障；制定相关的奖励政策、优惠条件，例如住房补贴、税收减免、子女教育保障等，有效解决人才的后顾之忧，增强他们在乡村地区长期工作和生活的意愿。

文化产业的发展具有系统性和多元性的特点，这就要求建立一支高水平的人才队伍，以全面覆盖文化产业链的各个环节。需要对陕北民间美术资源涉及的文化产业链进行深入分析，明确不同环节的人才需求，包括创作、生产、营销、管理等多个方面。创作端需要具备深厚艺术功底和创新能力的传承人、艺术家和设计师；生产端需要熟练的工艺人员和技术管理人员；营销和管理端则需要市场分析师、营销策划人员和管理人才。根据不同岗位的职责与需求，相关部门要制订相应的人才培养和引进计划。相关部门可以通过举办各类培训班、工作坊等方式对本地人才进行技能提升和专业知识教育；还可以通过提供有竞争力的薪酬和发展机会等方式吸引大量外来人才。相关部门要充分利用陕北民间美术资源的独特性，发挥其在乡村特色文化产业发展中的作用。例如，通过举办民间艺术展览、艺术节等活动，提高民间美术的社会认知度，吸引更多人的关注和参与。这不仅能够为民间美术传承人、艺术家和设计师提供展示自己才华的平台，还能为市场营销人员提供推广的契机。除了专业技能外，对于从事文化产业的人才而言，创新意识、市场敏感度、跨文化沟通能力等也是非常重要的。这就要求在人才培养过程中，相关部门不仅要注重对其专业技能的培养，还要关注其综合素质的提升。

（三）加强文化教育与陕北经济发展相融合

1. 文化教育与文化产业相融合

文化教育与文化产业相融合，充分发挥两者之间的协同效应。文化教育应侧重于传统技艺的传承与创新，我们可以在文化教育机构中开设与传统技艺相关的课程，请经验丰富的手艺人进行授课，将这些宝贵的技艺传授给更多的年轻人。鼓励学员在传统技艺的基础上尝试创新，以适应现代审美和市场需求。这种创新可能涉及材料的选择、图案的设计、制作工艺的改进等方面。这样的培训和实践可以培养出一批既具备传统技艺技能，又富有创新精神的专业人才。陕北民间美术资源的产业化发展要充分利用这些专业人才及其创新成果。文化产业不仅是经济活动的一部分，更是文化传承和推广的重要载体。通过建立文化创意产业园、设计中心等，为专业人才提供一个良好的创作和展示平台。文化产业界应与文化教育机构建立紧密的合作关系，共同开展项目合作、技术研发等活动，推动陕北传统技艺与现代设计、科技的深度融合。

2. 手工艺品制作与经济增长点的结合

文化教育可以系统地培训陕北手工艺人才，这些人才不仅要深入了解和掌握传统的手工技艺，还要具备创新和设计的能力，从而制作出既传统又具有现代元素的手工艺品。为了实现这一目标，陕北乡村地区可以与高校、研究机构或非营利组织建立合作关系，共同设计和开展手工艺培训课程。课程的内容应涵盖传统技艺的教授、创意设计的培训以及市场趋势的分析等多个方面。这样的培训可以确保学员们在传承和保护传统技艺的同时，根据市场需求进行产品创新。陕北独特的地方手工艺品是乡村的文化名片，也是吸引游客和消费者的重要因素。通过建立品牌、参加展览、开展线上线下销售等方式，可以提高陕北地区手工艺品的知名度和市场占有率，还可以与文化旅游、餐饮业等行业进行合作，将手工艺品作为特色礼品或装饰用品，进一步拓展其应用领域。

3. 强化政策支持和社会参与

政府制定和执行相关政策，可以为文化教育和地方经济发展提供有力的支持和保障。政府可以设立专门的基金，用于资助文化教育项目和地方经济发展计划。这些资金可以用于建设文化设施、培训人才、开展文化活动等，以推动陕北乡村地区的文化产业发展。政府还可以简化审批程序、降低准入门槛、提供税收优惠等，为文化企业和创业者创造更加宽松和有利的经营环境。政府可以与文化界、教育界和经济界建立密切的合作关系，共同制定和执行相关政策，形成政策合力。除了政府的支持，吸引私人投资和社会组织的参与也是不可或缺的。私人投资可以为文化教育和地方经济发展注入更多的资金和资源，推动项目的实施和创新。社会组织的参与则可以带来更多的专业知识和技能，丰富文化教育的内容和形式。例如，在陕北榆林，由私人创办的文化企业对陕北文化的传播与产业化的发展起到了极大的推动作用。为了吸引私人投资和社会组织的参与，政府可以开展宣传和推广活动，提高文化教育和地方经济发展的知名度和吸引力。建立透明的合作机制和利益共享机制，确保各方参与者的权益和利益得到充分保障。

（四）促进社区参与和文化交流

鼓励社区成员的积极参与以及组织多元化的文化交流活动，可以增强乡村居民对本土文化的认知和自豪感，并促进不同文化之间的理解和尊重。

1. 组织社区成员参与文化教育和培训

文化不仅是历史遗迹或古老技艺，更是一种活跃的生活方式，需要在社区的日常实践中得到不断的滋养和更新。通过参与文化教育和培训，社区成员可以提高自身的文化技能，深化对本土文化价值和意义的理解，进而促使其更加珍视和自觉地参与到文化的传承与创新中来。

为了鼓励社区成员广泛参与，政府可以设计多元化的文化活动。传统工艺的学习班可以让居民亲自体验祖先的智慧和技艺，使传统文化得到实质性的传承；地方历史的讲座可以帮助居民了解自己的家乡在历史上的位置和贡献，增强他们的地方认同感；而传统节日的庆祝活动可以增强社区成员的凝聚力和向心力。为了确保这些活动的有效性和吸引力，政府需充分考虑社区成员的年龄和兴趣，采用他们喜闻乐见的方式开展活动，以确保传统文化在社区中真正实现落地生根，为文化传承奠定坚实的基础。

2. 组织多样化的文化交流活动

文化交流不仅可以宣传陕北乡村文化，还可以为其注入新的元素和活力。为了促进多样化的文化交流，政府须千方百计吸引具有各种文化背景的人士积极参与。

文化节是一个集中展示陕北乡村文化精华的平台。在这个平台上，各地乡村可以展示其独特的艺术表演、手工艺品和传统美食。艺术表演包括陕北秧歌、陕北民歌、陕北道情等，它们通过动态的方式展现陕北乡村的生活哲学和审美观念；手工艺品可以反映陕北乡村的工艺技术和创造力，如剪纸、编织、泥塑、雕刻等；传统美食作为陕北乡村文化的重要组成部分则最能直接触动人们的味觉记忆和情感认同。展览和研讨会也是促进文化交流的有效途径。展览可以为观众提供一个静态但深入的文化体验空间，在这里，观众可以仔细阅读、观察和思考，从而获得对乡村文化的深度认知；研讨会则可以为学者、专家和从业者提供一个分享研究成果、探讨文化问题的学术平台，通过思想的碰撞和交流，推动陕北乡村文化的学术研究和实际应用。

3. 建立文化交流的长期机制

文化交流不应是一时之举，而应成为一种常态。为了使其具有持续性和深入性，须构建稳固的交流机制，确保各方能在平等、互利的基础上长期合作。

构建文化交流机制的首要任务是建立一个跨区域的文化合作网络。这个网络可以连接不同乡村、城市，甚至国家，为各方提供一个分享信息、资源和经验的平台。通过这个网络，各地可以了解其他地区的文化动态，寻找合作机会，共同策划和开展文化交流项目。这种合作模式不仅可以降低交流成本，提高效率，还能促进文化的深度融合和创新。定期举办联合文化活动也是保持文化交流活力的重要手段。如举办联合展览、艺术节、研讨会等，要确保活动主题明确、内容丰富、吸引力强。通过这类活动，陕北乡村可以展示其文化特色，加强外界对乡村文化的认知。

4. 促进文化互鉴与理解

文化之间的交流绝非单向输出或输入，而是要在平等与尊重的基础上寻找文化间的对话与互鉴。

为了实现真正的文化互鉴与理解，可以设计一系列具有深度的交流活动。如，举办文化比较的研讨会，邀请来自不同文化背景的学者和专家，共同探讨和分享各自的文化特色和价值观。通过深入讨论和对比，他们可以发现不同文化间存在的相似性和差异性，进一步挖掘文化间相互借鉴和融合的可能性。艺术合作项目也是一个值得推广的策略。艺术作为文化的一种表现形式，具有直观、感性的特点，更容易触动人们的内心。

5. 激发社区居民对文化传承的自发性

文化传承不应只是少数专家或机构的责任，更需要社区的广泛参与和自发贡献。社区是文化的生发地，也是文化最有力的传承者之一。政府应为社区提供一个能够让社区居民主动参与、积极贡献的平台，例如，可以设立社区文化中心，为居民提供学习传统工艺、参与文化活动、分享文化资源的空间。在这里，居民可以学习和体验传统的技艺和文化活动，参与文化项目的策划和组织工作，成为文化传承和发展的主体。

在"文化导师"的项目中，社区可以邀请熟练掌握传统文化的长者或专家，向年轻一代传授传统文化的知识和技能。这种方式可以确保传统文化得到代际传承，增强年轻一代对本土文化的认同感和自豪感。为了让这些策略真正落地生根，政府需建立一种持续的支持机制，包括提供必要的资金支持、政策保障，确保社区有足够的资源和能力参与文化传承。此外，政府还应建立一种反馈机制，定期评估和调整策略，以确保其始终与社区居民的需求和期望保持一致。

在教育和培训内容上，教育机构和文化部门除了向社区居民介绍传统文化的历史背景、艺术形式等知识，还要引导其理解传统文化背后的深层价值和意义，培养他们对传统文化的尊重和热爱之情。教育和培训的实施还需要专业人才的参与，这就要求相关教育机构和文化部门共同努力，培养一批具有深厚传统文化知识和现代教育理念的教师和培训师，让他们成为传承传统文化的关键人物。

五、数字赋能陕北传统文化产业内涵式发展

重视并发挥现代科技在传统文化产业发展中的作用，是实现乡村文化产业现代化的关键。陕北地区可以依托陕北民间美术资源的独特魅力，进军影视、音乐、动漫、游戏等行业，以提高陕北乡村文化资源的知名度和影响力。同时，要积极应用数字化技术，推动文化产业的数字化转型和升级，以满足用户日益增长的多元化需求。例如，通过数字化手段对传统民间艺术进行创新性展示，或开发基于传统文化的数字化产品和服务等。

打造陕北民间美术资源产业信息化平台也是提高传统文化产业竞争力的重要手段。利用新媒体的优势，如社交媒体、网络直播等，不仅可以有效宣传传统文化产业，还能实现对目标用户的精准定位。例如，通过社交媒体平台推广陕北民间美术，利用网络直播展示传统民间艺术品的制作过程等，都可以吸引一定数量的观众。此外，在传统文化产业开发中，人们还需要重视文化的保护与传承。陕北地区的民间美术资源是珍贵的文化遗产，对其进行保护与传承对于传统文化产业的长远发展至关重要。

（一）利用数字技术保存和传播陕北传统文化

应运用数字技术对陕北乡村传统文化进行记录和存档，以保护其不受时间和物理条件的影响。通过数字化档案馆和在线数据库的建立，传统文化能够得到更好的保存，并为研究者和公众提供便利的访问途径。通过网络平台和社交媒体的广泛传播，乡村传统文化可以接触更广泛的受众群体，以提高其影响力。

人们在传承和推广乡村优秀传统文化的过程中，充分利用网络技术的潜力至关重要。建议建立一个专门的网络平台，通过现代信息技术手段，如微博、微信、抖音、快手等新媒体载体，有效地展示和传播陕北乡村优秀传统文化。这种网络平台的建设，不仅可以拓宽陕北乡村优秀传统文化的传播渠道，还能提高其在公众中的可见度和影响力。通过这样的网络平台，陕北乡村优秀传统文化能够以更加生动、互动的方式呈现给公众。例如，可以通过网络直播、视频短片、互动论坛等形式，让观众更直观地了解陕北乡村传统文化的独特魅力和历史价值；利用新媒体的传播特性，如即时性、互动性和个性化，更加精准地将内容推送给感兴趣的受众，从而提高传统文化传承的效率和效果。

在网络平台上，人们不仅可以展示陕北乡村优秀传统文化的内容，还可以开设相关的教育课程、讲座、工作坊等，为公众提供更深入的学习和体验机会。网络平台还可以作为农村文化交流的重要场所，促进文化的多元交流和创新发展。在网络平台的建设中，应注意保持内容的真实性和权威性，避免文化误解和滥用。这要求平台运营者在内容的策划和发布过程中严格把关，确保所呈现的文化内容既忠实于原始文化，又能满足现代社会的传播需求。

为了促进陕北乡村优秀传统文化的有效传承，相关部门可以借助网络短视频、微电影、纪录片等现代传媒形式，结合流行的社交媒体平台，如抖音、快手等，实现对陕北乡村优秀传统文化的广泛传播。这种传播策略不仅能够适应当前数字化时代的传播趋势，而且能够有效地扩大陕北乡村优秀传统文化的受众群体。网络短视频以其内容精练、形式多样、传播迅速的特点，在当下社会尤为受欢迎。精心制作的网络短视频可以将陕北乡村优秀传统文化的独特魅力以简洁、生动的方式呈现给公众，激发公众对乡村文化的兴趣和好奇心。微电影和纪录片则提供了更为深入和全面的叙述方式，使观众能够更加深刻地理解乡村优秀传统文化的历史背景、内涵和价值。

相关部门在抖音、快手等社交媒体平台上推广陕北乡村优秀传统文化时，可以利用这些平台的广泛用户基础和高度的互动性。这些平台的用户大多是年轻。

（二）创新性地融合陕北传统文化与现代技术

可以采用多种形式将传统文化与现代科技进行创新性融合，包括但不限于虚拟现实（VR）、增强现实（AR）以及人工智能和大数据分析等技术的应用。

虚拟现实和增强现实技术为展示和体验传统文化提供了一种全新的方式。通过这些技术，公众可以身临其境地体验传统文化。例如，通过 VR 技术，人们可以参观一个虚拟重建的历史村落，或通过 AR 技术在现实世界中与传统文化元素互动。这种沉浸式体验可以使传统文化的展示更为生动，能够使公众产生更深的情感共鸣和文化认同。人工智能和大数据分析的应用可以帮助人们深入挖掘传统文化的内涵，并为文化的创新提供数据支持。例如，人工智能可以用于分析传统艺术作品的风格和技巧，从而帮助人们更好地理解和欣赏这些作品。大数据分析则可以通过收集和分析与传统文化相关的大量数据，揭示文化趋势和受众偏好，为传统文化的创新和推广提供指导。这种创新性的融合还包括将传统文化与现代科技产品和服务结合起来。例如，开发基于传统文化元素的手机应用、游戏或电子商务平台，既能为人们提供新的文化体验方式，还能为陕北传统文化开辟新的市场和发展空间。

现代技术的应用还可以为文化遗产的保护提供新的手段。例如，使用三维扫描和建模技术对古建筑和文化遗迹进行数字化重建，能够为保护工作提供精确的参考，为未来的修复工作奠定基础。

（三）开发基于陕北传统文化的现代产品和服务

开发以陕北传统文化为基础的产品和服务，需要在尊重传统元素的基础上，融合现代设计理念。这种结合方式可以是将传统图案、符号或艺术形式应用于现代产品设计中，也可以是在服务项目中融入陕北传统文化特色。这样的设计既保留了传统文化的核心价值，又使产品和服务更加符合现代消费者的审美需求。具有地方特色的文化产品，如手工艺品、地方特色食品、传统服饰等，不仅能展示陕北文化资源的独特性，也是促进地方文化传承和发展的重要载体。人们通过电子商务平台推广这些特色文化产品和服务，可以有效地扩大其市场范围。这种在线销售模式能够扩大消费者群体，降低销售成本，提高销售效率。此外，利用电子商务平台的数据分析功能，可以更好地了解消费者的需求，优化产品供给。

（四）加强现代科技在陕北传统文化保护中的应用

在陕北传统文化保护领域，现代科技的应用发挥着至关重要的作用。尤其在管理和保护陕北乡村文化遗产方面，技术的运用可以大大提高工作的效率。

　　GIS 技术可以用于陕北乡村文化遗址的定位、规划和管理。借助 GIS 技术，人们可以准确地绘制文化遗址的地理位置，分析其与周边环境的关系，从而制定出更为合理的保护和利用策略。GIS 技术还可以帮助人们监测文化遗址的状态，预测潜在的风险，为遗址的长期保护提供科学依据。

　　人们利用遥感技术，可以对文化遗产及其周边环境的变化进行实时监控，包括土地利用变化、气候条件变化等，这些因素都可能对文化遗产产生影响。通过遥感监测，人们可以及时发现对文化遗产有潜在威胁的因素，从而采取相应的保护措施。数字化技术还可以用于对乡村文化遗产的详细记录和存档。例如，通过高清摄影、三维扫描等技术，人们可以创建文化遗产的数字副本，这不仅有助于研究文化遗产，还有助于在文化遗产遭到破坏时提供重要的信息。人工智能技术可以用于分析大量关于文化遗产的数据，识别保护和管理中的关键问题。例如，在分析历史文献、现场数据等方面，AI 技术可以帮助专家更好地理解文化遗产的历史背景和价值，从而制定更加科学有效的保护策略。物联网技术可以用于实时监控文化遗产的物理状态，如温度、湿度、结构稳定性等。通过在文化遗产现场安装传感器，人们可以持续收集数据，及时发现并应对可能对遗产造成损害的因素。

第五章 延安安塞剪纸艺术助推陕北乡村特色文化产业高质量发展

乡村民间艺术产业是特色文化资源型乡村经济发展的必由之路。基于乡村振兴战略的总目标，我们通过经济、宜居、乡风和生态四个评价指标对安塞剪纸民间艺术的生存现状、问题和优势展开调研。目前，安塞艺术产业运行主要存在收益分配不均、贫富差距大、生态环境受损等问题，并未形成产业化的良性循环。从艺术产业化运行的生产、销售、市场、联动市场、就业五个环节和长远发展来看，一是建立民间艺术保护和资源有偿机制，二是实行科学合理的利润分配机制，三是落实长效生态保护机制，构建乡村民间艺术产业运行机制，确保在保存乡村原态的基础上，在响应乡村振兴战略的要求下，形成陕北乡村独具特色的民间艺术产业经济发展与管理模式。

艺术产业隶属于文化产业范畴，是文化产业中"特色文化产业"的主要组成部分，能在保障生态环境和谐发展的前提下，融合区域特色产业，形成经济发展合力；乡村艺术产业发展更能在留住乡民的基础上，创新民间技艺经济增长形式，解决乡村人口流失和就业问题，是乡村经济发展的重要途径和方式，受到政府和社会越来越广泛的关注。

有研究表明，北京、上海、广东、江苏是全国文化产业的优势所在地和领军省市，属于第一类型的文化产业建设地；第二类型文化产业建设地为天津、浙江、广西、安徽、河南等地；陕西省则属于文化产业发展的第三类型，应加大对地域特色文化资源的开发力度。所谓"特色文化产业"，即表现出突出的不可替代性，具体类型包括特色文化旅游、特色表演产业、民族民间艺术产业、特色庆典节展产业等。乡村艺术产业建设，即乡村发展"特色文化产业"，是将艺术学的概念范畴进行产业化，通过对农村民间艺术资源的传承与开发，建设艺术村、技艺坊、手工艺合作社等平台实体，实现乡村新的经济增长点，达成乡村振兴的总目标。

文化产业，尤其是农村艺术产业的发展也存在诸多不可避免的、不容忽视的问题。调查表明，一些乡村艺术产业项目出现"急功近利"的问题导向。在艺术产业项目的投入期间，购买力弱，技术不成熟，民族民间特性虽有但不成规模，导致运营实体利润呈现负增长，投入者看不到利润，从而"半途而废"；有的艺术产业项目规模大、市场成熟度高，但在利润驱动下，出现"造假""造谣"等商业化行为，导致其艺术产业根基不牢，艺术品牌失真。同时，一些乡村艺术产业项目的运营机制过度商业化和城镇化，甚至脱离乡村。艺术产业的生产主体和生产地、原材料均远离乡村，不仅对乡村生态环境和经济环境无所裨益，更间接导致了乡村人口流失、经济停滞等问题。造成这些问题的原因是多维度的，但最重要的就是未能构建起乡村艺术产业成熟有效的运营机制。因此，为了陕北乡村突出的黄土高原型村落的区域经济发展，为了实现陕北乡村全面振兴的总目标和文化产业建设的目标，深入研究乡村艺术产业运行机制成为重要的课题。

第一节　乡村振兴中陕北民间艺术产业的内涵与优势

2018 年，中共中央、国务院发布了《乡村振兴战略规划（2018—2022年）》，对农村建设提出了生产、生活、生态、文化为一体的功能要求，在对精准脱贫工作肯定的基础上，提出必须传承发展提升农耕文明，走乡村文化兴盛之路，农村的文化产业建设成为乡村振兴战略的重要组成部分，也是产业扶贫精细化和深度化的表现。

在乡村振兴发展背景下，民间艺术产业机制构建的内涵主要有：第一，农村民间艺术产业特指文化中民间技艺的类型，在文化产业类型中属于文化产品生产和文化服务的类型，多为传统泥塑、剪纸、农民画、民间演艺、器乐等内容，其运行实体要以乡村为主体平台或重要参与平台；第二，农民应在民间艺术产业中处于主导地位，或充分参与民间艺术产业的运行，包括生产和销售，同时参与艺术产业机制的监控评价；第三，政策制度利于民间艺术产业促进农村的发展，包括对农村生态环境的保护与开发、对农村文明环境的保障机制建立。农村艺术产业机制的构建是"文化兴国"理念的实践表现，是乡村振兴战略中坚持农村优先发展、产业兴旺总要求的具体措施，不仅能够避免经济资源匮乏、农业经济落后，发挥民间艺术资源的优势，还能避免艺术过度商业化对农村生态环境和中华优秀传统文化的破坏及产生消极影响，构建了农村经济新的发展模式，在保障艺术开发和收益公平的基础上对中华文化艺术进行传承和保护，是文化创新、产业扶贫和乡村振兴的重要制度创新。

农村民间艺术产业作为乡村振兴战略的重要组成部分，其核心在于以农民为主体，致力于增加农民的市场收益。这一发展模式强调市场机制在资源配置和产业发展中的作用，并兼顾政府在提供政策支持、创造良好发展环境等方面的职能。通过这种模式，农村民间艺术产业不仅能够更好地适应市场变化，响应消费者需求，还能够有效地促进农民的经济利益和社会地位的提高。农村民间艺术产业的发展还体现了文化与经济发展的有机结合，既保护和传承了丰富多彩的民间艺术，也探索了文化资源的市场化路径。这一模式的推广和实施，对于实现乡村经济的多元化发展、提高农民的生活质量，以及促进社会和谐稳定都具有深远的意义。

农村民间艺术产业在乡村振兴战略中扮演着至关重要的角色。其以农民为主体的发展模式不仅符合乡村振兴战略的总体要求，还能够有效地增强农民的获得感，促进农村经济的健康发展，为乡村振兴战略的实施提供了持续的动力和方向。

农业农村工作，说一千、道一万，增加农民收入是关键，这一观点深刻揭示了乡村振兴的核心要义。为了实现这一目标，我们必须充分发挥市场的决定性作用和政府的宏观调控作用，注重增强群众的获得感，特别是要围绕农民最关心、最直接的利益问题来制定和实施乡村振兴战略。在这样的政策指导下，农村民间艺术产业的发展被赋予了新的使命和动力，其发展模式呈现出与传统政府主导型产业模式不同的多方面优势。

一、满足农村经济增长建设需求

乡村振兴战略的目标首先是促进农村经济的发展。陕北农村因地理环境的原因，农业种植资源匮乏，乡村生态环境遭到破坏，而当地能源产业的发展也多以粗放型为主，煤、石油等能源产业劳动者收入不高，并且是一些妇女、老弱无法担任的工作；加上陕北农村多处于风沙滩和黄土高原地带，无法依靠农业精加工和农副产品来发展经济，这就显露出民间艺术产业的优势，它不仅传承了陕北农村自夏商就有的文化习俗，表现了陕北农村自古以来的中原农耕文明和西部游牧文明的碰撞和融合，更在产业化的发展中增加了农村就业人口，将村民留在农村，将利润公平分配给农民。在农村"全员参与""团队协作"的民间艺术产业化开发过程中，其生产、销售和收益分享均置于公开透明的运行机制中，农民能够全程参与民间艺术产业开发的论证、方案设计和实施的各项环节中，并在科学有效的运行机制中分工协作，创作者、宣传者和销售者根据农民的特长不同合理进行安排，消除传统手工艺个体发展造成的贫富不均、文化生态破坏、发展前景不明朗等弊端，在保障农民公平受益、共同富裕的同时满足了农村经济增长的建设需求。

二、提升农村贫弱人口的发展能力

在乡村振兴战略的实施过程中，精准扶贫、文明乡村建设的有效途径就是提升农村贫弱人口的发展能力。在农村民间艺术产业运行机制中，提升贫弱农民的个体发展能力是重要的实施目标和评价目标之一。从运行初期的利益政策倾斜，到运行中期参与针对性的技艺培训，人们逐步学习民间艺术的创作、销售、宣传等，增强艺术创作和艺术管理的设计能力、决策能力、信息处理能力和市场参与能力等，在后续的运行环节中，能够根据自身发展特点，拓展自身发展领域，实现生存生计的长足发展。

三、形成农村生态文明环境良性循环发展

民间艺术产业的运行需要通过村落空间环境的美化和文明环境的营造来实现，需要兴建公共服务空间、工作坊等实体平台空间，并在一定规模中达到产业化构建，这样不仅可以促进农村整体环境的美化，还可以促进农村生态文明的良性发展，更能在团队协作的目标诉求下促进整个村庄民众的和谐共处，并通过乡村艺术协会、手工作坊合作社等形式凝聚人心，形成"环境美、人心齐"的文明乡村良性循环发展，达到经济效应和社会效应统一发展的乡村振兴目标。

第二节 安塞剪纸艺术产业发展现状与乡村振兴效应

为了更深入地研究陕北农村民间艺术运行机制的构建，了解、分析陕北农村民间艺术发展的现状，分析其促进乡村振兴的效应关系，我们对陕北农村的民间艺术现状进行了专题调研。本次调研选择的地点是陕北地区的延安市安塞区，主要对高桥镇、沿河湾镇、砖窑湾镇三个乡镇，以调研问卷为主，以个人访谈、座谈访问为辅的方式展开，调研的内容包括当地参与民间艺术创作和销售的农户家庭的基本情况和家庭收入状况，并从乡村振兴战略的总要求总目标角度设置了"经济效应""宜居效应""乡风效应""生态效应"四个评价要素，调研民间艺术产业运行的效应状况。在调研中，我们共发放调研问卷 395 份，回收问卷 382 份，回收率为 96.7%，有效问卷有 375 份，有效率为 98.2%。

一、安塞剪纸艺术产业的发展现状

经调研，安塞农村民间艺术资源类型主要有民间音乐与舞蹈、民间美术、传统手工技艺和民间习俗四大类，共 19 种，如表 6-1 所示。

表 6-1　延安市安塞民间艺术资源类型

类型	名称	非物质文化遗产级别	荣誉称号
民间音乐与舞蹈	安塞腰鼓	国家级（2006 年）	腰鼓之乡（国家文化部）
	安塞民歌	无	民歌之乡（陕西文化厅）
	安塞说书	县级	
民间美术	安塞剪纸	国家级（2006 年）世界级（联合国教科文组织 2010 年公布）	剪纸之乡（文化部 1993 年）
	安塞农民画	市级	中国现代民间绘画之乡（文化部 1989 年）
	安塞布堆画	县级	

类型	名称	非物质文化遗产级别	荣誉称号
传统手工技艺	安塞面花	县级	
	泥塑	县级	
	王家湾羊肉制作技艺	县级	
	安塞米酒制作技艺	县级	
	安塞黄米馍馍制作技艺	县级	
	黄芥油制作技艺	县级	
	猪肉烩酸菜制作技艺	县级	
	安塞小米制作技艺	县级	
民间习俗	安塞转九曲	省级	
	沿门子	省级	
	安塞祈雨	市级	
	大佛寺庙会	市级	
	徐家沟庙会	市级	

从参与创作和销售的主体来看，主要的运行平台为当地的剪纸协会，其平台的搭建和资金的投入以政府和地方企业为主，在运行机制方面乡村集体参与的形式占比较小，有近80％的农户表示在近1年内没有村集体召开任何关于剪纸艺术如何促进收入增加、如何规模化发展的座谈会，没有相关机构征求过相关建议。在375份调研问卷中，虽然有260户非常了解剪纸艺术，也有家庭成员较擅长剪纸，但真正参与创作和商业化行为的仅有98户。剪纸艺术的产业化运行也多以剪纸协会为依托，进行个体式的售卖，对衍生品和创新品的创作深度不足，并未形成真正的产业化。而村集体的其他未进入商业流程的农户，在"参与农村民间艺术产业化运行流程""参与民间艺术产业化收益分配""民间艺术产业化就业"等形式方面占比较小。从调研农户家庭成员的职业状况结果来看，农户尤其以"打工"和"务农无业"为主，专职从事民间艺术创作销售等商业化职业的比例极低。多数受访者认为务农与打工的收入有较大的城乡差异，虽然安塞已并入延安市的行政管辖，但在民间

艺术产业化的推行方面，地方政府在扶持形式方面有"受众小、规模小"的弊端，缺乏引导、培训和投入期的资金政策投入。

二、安塞剪纸艺术产业的乡村振兴效应

调研设置了"经济效应""宜居效应""乡风效应""生态效应"四个评价要素，是基于乡村振兴战略"三步走"的总要求、总目标设置的，如表 6-2 所示。

表 6-2 乡村振兴战略"三步走"四要素评价表

评价类型	评价指标	各要素评价同意度占比（%）				
		非常不同意	不同意	一般	同意	非常同意
经济效应	形成本村民间艺术创作合作社	0.2	1.85	15.21	70.08	12.66
	促进本村艺术型旅游收入	0.1	1.75	13.18	66.52	18.45
	加快本村脱贫致富，给贫弱人口带来收益	0	5.4	13.96	61.28	19.36
	拓宽农户家庭收入渠道，增加收入	0.86	1.89	51.14	45.78	0.33
	促进本村农副产品和特产的销售	0	1.65	21.96	69.82	6.57
	增加就业机会	0	3.1	43.71	52.21	0.98
	收益分配主要由投入期投资者获取	6.89	15.28	30.18	34.18	13.47
	乡村生活成本增加	3.56	5.38	19.12	54.28	17.66
宜居效应	改善乡村道路交通等基础设施	0.58	1.28	10.29	70.28	17.57
	加快乡村卫生和整体环境建设	1.21	3.2	16.42	50.56	28.61
	美化乡村整体景观环境	2.89	4.5	16.69	70.28	5.64
	促进乡村公共服务设施建设	0	1.57	21.88	66.89	9.66
	提升和改善农户居住条件和环境	0	1.2	12.8	70.52	15.48
乡风效应	形成和谐文明的乡村精神风貌	1.5	8.75	39.87	45.67	4.21
	保护和传承民间习俗和手工技艺	5.81	0.67	9.21	81.21	3.1
	促进乡村与外界交流	2.1	6.9	40.78	45.69	4.53
	促进创新思想观念的形成	0.78	1.78	35.74	45.81	15.89

评价类型	评价指标	各要素评价同意度占比（%）				
		非常不同意	不同意	一般	同意	非常同意
生态效应	传统文化和现代文明的和谐共处	3.65	35.68	40.12	10.15	10.4
	破坏当地自然生态环境	7.25	45.79	30.17	8.14	8.65
	拉大贫富差距，破坏平衡生态	0.65	6.25	18.21	56.87	18.02
	促进乡村农民整体团队协作人文生态	4.5	6.78	21.87	54.69	12.16

在经济效应方面，大多数农户认为民间艺术产业机制能够让本村脱贫致富，在形成创作合作社、促进艺术型乡村旅游、促进周边农副产品的售卖等方面起到了积极的作用。但农户对现在的民间艺术产业化和商业化行为在提高家庭收入、增加就业机会方面满意度较低，持观望态度的较多，同时农户也不同意将艺术产业化的收益由投入期的投资者持有。但在调研中，农户虽然反对这种形式，却不能提出更好的收益分配建议，对民间艺术产业化在农村经济中占据主导地位后带来的生活成本增加比较担忧。从宜居和生态效应来看，农户认为艺术产业化能够优化乡村基础设施和整体环境，不会对自然生态环境造成较大的破坏，但普遍认为艺术产业化会造成贫富差距较大，不利于乡村团队协作的和谐生态环境创设，也提出了希望能够解决这个问题。在乡风效应方面，农户普遍认为民间艺术产业化发展能够传承民间习俗、民间艺术和手工技艺，但对创新思想、与外界交流的满意度并不高，说明农户并不认为一个创新的、开放的乡风环境的营造主要是通过民间艺术产业化发展来促成的。

从调研统计的结果来看，安塞民间艺术产业化的发展有一定的成绩，从乡村振兴效应满意度的角度进行评测调研结果显示了政府工作取得了良好的成效，但也存在一些问题。主要表现在：第一，民间艺术产业化的收益分配问题，正如不少学者提出的，慎防文化产业的"挤出效应"，即收益分配多数由投入期投资者如企业占有的状况，这在陕北乡村民间艺术产业发展中也存在。第二，艺术产业化带来的优势是乡村整体环境的改善和现代化进程的加快，同时有日用品价格变高、生活成本增加而收入增加跟不上的问题。第三，艺术产业化的进程存在简单粗放的现象，很多农户虽然由此尝到短利，但并不认为这是长期状态，对农户家庭收入增加、收入渠道拓展满意度并不高，如传统剪纸艺术农户认为剪纸艺术是生产、生活之余的游戏，多用于装饰、祭祀之用，并对剪纸传统纹样与现实生活方式脱离度较高存在担忧，对未来走向有迷茫心态。第四，部分农户认为民间艺术产业化只有少数人掌握核心技术和突出的创作能力，认为这样会加大乡村贫富差距，不利于乡村整体生态和谐发展。

第三节　基于乡村振兴战略的安塞剪纸艺术产业运行机制构建

乡村民间艺术产业有其科学的生命周期，从产品生命周期来看，民间艺术产业同样有投入期、成长期、成熟期、衰退期四个时期，投入期一般为保护传承造势期，艺术创作者对于市场把握不准，宣传成本较高，市场需求狭窄，利润低，甚至负增长；成长期和成熟期是市场越来越成熟、成本越来越低的时期，能够通过运行机制获得良好的发展，获得较多的利润；衰退期则呈现市场供需饱和状态，竞争激烈，利润降低，需要运行机制的良性带动才能平稳发展。[①] 在艺术产业运行机制的科学规律中，我们结合调研结果分析可知，要避免上述民间艺术产业化带来的问题和弊端，形成乡村民间产业的良性循环，必须建立有效的农村艺术产业运行机制。

一、农村艺术产业的艺术保护机制与资源有偿使用机制

目前，安塞剪纸艺术产业化已有一定的规模，主要以政府引导、民间自发组织形成剪纸协会为主要形式。安塞区剪纸最出名的民间艺人是被联合国教科文组织授予"剪纸艺术大师"的高金爱、胡凤莲、白凤兰、曹佃祥四位，另外有王西安、高如兰、常振芳等人。他们均在政府学者的发现和扶持下，走向全国，走向世界，获得了诸多殊荣。如高金爱来自安塞区砖窑湾镇，镇政府按月发工资给她，还建造了窑洞大院。2000 年左右，高金爱给镇政府剪

---

① 熊正贤. 特色文化产业扶贫的特征分析与绩效问题研究：以武陵山区为例 [J]. 云南民族大学学报（哲学社会科学版），2017（4）：108-115.

一幅《艾虎》的价格是 10 元，去世的曹佃祥著名的《双狮牌牌》复制品在延安枣园卖 15 元一幅，目前价格增长 10 倍有余，但也基本在 500 元以内，这是安塞剪纸顶级大师的价格。

结合调研结果和代表性剪纸创作者的现状来看，乡村艺术产业的保护机制和资源是有偿机制运行的基础和前提，艺术产业化大发展的前提是对艺术资源的选择、使用，是对民间艺术资源的保护和传承。保护机制第一是要保护剪纸艺术的创作者；第二是要保护创作者的乡村生活环境，在剪纸艺术集中的乡村建设剪纸艺术产业村，实现乡村农户广泛参与，并在产业化的方案决策、环节制定方面积极参与并提出重要意见，所有村民拥有艺术产业运行的知情权和监督权，应加强乡村的集体责任管理体制，从制度和组织上保护艺术产业创作者和艺术资源，提高村民的参与度，让村民根据自身特点选择艺术创作、艺术销售、艺术宣传、周边衍生品创作、联动特产的售卖等产业化环节；第三是要保护艺术产品生产环境不受破坏，目前在利润的驱使下，不少剪纸作品采用机器制作，不再有传统"冒铰"的大胆和原态质朴，这是对艺术产业化生产环境的破坏。在构建保护和有偿机制方面，政府需要发挥较大的引导作用，构建保护和有偿机制，建立艺术产业化的平台模式。

二、农村艺术产业运行的利润分配机制

乡村振兴战略在和谐环境中实现农业农村现代化和农民致富是终极目标。产业化运行更是乡村振兴的重要举措，对农村艺术产业运行的利润分配机制构建尤为重要，能够解决"挤出效应"、贫富差距大、贫弱人口能力不足等问题。利润分配机制的科学构建首先要有"两个明确"，第一是要明确乡村民间艺术整体运行环节，如图 6-1 所示，从调研现状和结果分析来看，主体环节与工业和商业有相同的规律，主要环节是生产、销售、形成市场、联动新市场开发、增加就业等五个主要方面，最终形成循环联动的运行机制。第二是要明确运行机制的平台模式，是上一级政府主导，还是乡村集体模式、行业或企业主导，或其他细分的类型模式，如乡村振兴战略中提到的"丰信农业"和"社员网"模式。

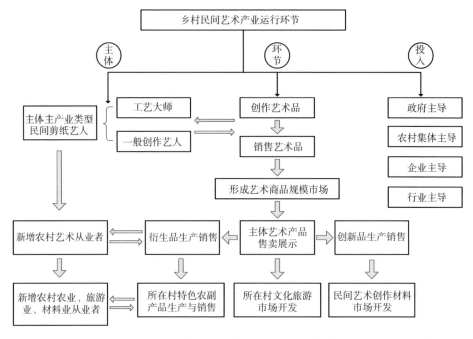

图 6-1   乡村民间艺术产业运行环节[①]

在明确这两点的基础上,利润分配和经营收益机制的建立主要从以下几个方面展开,一是对在运行过程中占用了其他资源的农户进行产权转换,以股份或租金等形式按比例分配。因艺术产业的手工艺特性较突出,故应对占用资源进行深入的类型甄别。二是确保将民间艺术产业置于乡村中,这样才能产生联动的乡村振兴效应。这就需要保障每一户、每一位农民基于乡村合法身份的公共产权收益,即需要将收益的一部分作为公共产权收益,按模式不同进行集体股份转换或集体收益置换,再根据人口数量进行均分。三是确保市场的规模化和经营的分散化,避免出现垄断现象,甚至应在保护机制的作用下保障乡村经营优先化,如在原材料市场开发环节应优先使用当地农户的经营材料,提升农户在民间艺术产业化中不同岗位的固业和就业能力。

三、乡村艺术产业运行的生态保障机制

民间艺术产业对自然生态环境的影响较小,能在艺术产业发展的基础上

---

①   李含飞. 河南西华鸡毛人逗蟾舞的艺术人类学考察 [J]. 装饰,2018 (4):124-125.

促进乡村基础设施的建设，但在产业化运行过程中，我们仍然要重视生态保障机制的建立。一方面要保护村落生态环境不受破坏，对景观自然生态加以保护，对新增建的公共设施的风格形式加以集体评议决策，使之能够强化民间艺术的原态风貌，这是长期发展乡村、振兴乡村的长效机制；另一方面要实施全村参与的宣传监督生态保护机制，对于加强乡风建设、加强和谐乡村建设采取多样化的宣传形式和监督途径，最终形成乡村是我家，我家即乡村的归属感，形成物质和精神合一的"家园"感。此外，应从经济分配、就业安置、法规政策等方面强调团队协作的精神，锤炼乡村凝聚力，这样才能在法治人情共同作用下形成艺术产业运行最适宜的生态人文环境。

基于乡村振兴战略的指导与要求，发展农村艺术产业成为特色文化资源型乡村发展的必由之路，艺术产业化发展在陕北农村有坚实的运行基础。当前，陕北诸多乡村已经获得较好的艺术产业效益，在此基础上，民间艺术产业的发展更要保护好乡村"以农为本"的生态环境，形成良性循环，这是农村经济发展的重要趋势和途径。

第六章 榆林绥德石雕艺术助推陕北乡村特色文化产业高质量发展

绥德县以其技艺精湛的石雕作品而闻名，其代表性建筑之一"天下名州"石牌楼集中展示了该地区石雕的技艺水平，该牌楼全长 36.9 米、高 16.9 米，共雕刻 1100 多块石材，200 余名石匠参与建设，巧妙地运用了圆雕、浮雕、镂空、阴刻、阳刻及线刻等多种雕刻手法，将传统历史文化与精湛雕刻技艺相融合，是当地的一个重要景点。

截至 2024 年，绥德石雕艺术品广泛分布于国内多个地区，亦出口至日本、新加坡、马来西亚及美国等国。绥德县的石雕产业拥有超过 1200 余名从业人员，年产值达到 1.5 亿元人民币。

近年来，绥德县在文化创意产品设计方面取得了一定成果。县内生产的石雕文创产品更加精致小巧，造型多样，受到年轻消费者的青睐。为了推广非物质文化遗产，绥德县有计划地在学校、社区、景区及乡村等地开展推广活动，使非遗文化深入人心。

第一节 民间艺术蓬勃发展的经验与启示

2021 年 9 月 14 日，习近平总书记在绥德非遗馆考察时指出，"绥德是黄土文化的重要发源地之一，非物质文化遗产资源丰富，孕育发展了优秀民间艺术，展现了陕北人民的热情、质朴、豪迈"。绥德县委、县政府始终按照总书记关于"保护好、传承好、利用好非物质文化遗产"的重要指示，坚持以加强非遗传承为根基，在充分彰显绥德特色文化品牌的同时，始终以保障民众基本的文化权益为核心目标，坚持正确的文艺创作方向，将优秀传统文化的传承与地方特色相结合，确立了"以文化引领产业，以产业富裕民众"的发展战略，通过将文化资源的优势转化为文化产业的优势，促进了民间艺在新时代的传承与发展。

绥德县通过构建有效的工作机制，为非物质文化遗产保护打开了新局面。具体来说，该县形成了由党委领导、政府负责、部门协作、社会参与、全民行动和共建共享的工作体系。非遗保护已被纳入绥德县的"十三五""十四五"规划及 2035 年远景目标。此外，县政府成立了国家级陕北文化生态保护实验区建设工作领导小组和非物质文化遗产保护工作专家委员会，并编制了《国家级陕北文化生态保护实验区规划纲要——榆林·绥德总体规划》。还制定了《绥德县县级非物质文化遗产代表性项目管理办法》等相关文件。通过这些举措，各部门积极将非遗保护工作融入日常工作中，艺术团体也积极参与到非物质文化的创作与表演中，使非遗文化深入普通民众的生活，展示了其强大的生命力。

依靠五个关键措施，绥德县努力增强非物质文化遗产的整体性与系统性保护效果。第一项措施是县政府建立了完善的四级非遗名录体系，通过对全县非物质文化遗产的全面普查，详细了解了非遗项目（资源）及传承人的现状、传承脉络和分布情况，对于濒临失传的非遗项目实施了紧急记录和保护措施。第二项措施是加强了陕北文化生态保护实验区的基础设施建设，采取综合措施保护非物质文化遗产与物质文化遗产，并协同保护人文环境与自然景观。第三项措施是重视非遗代表性传承人的关键角色，通过举办培训班、座谈会，提供学习和表演的场所及平台，加强对传承人的支持与激励。第四项措施是积极推动创建民间文化艺术之乡，绥德县已被命名为我国民间文化艺术的多个"之乡"，如石雕、秧歌、民歌、唢呐和剪纸之乡，从而奠定了非遗保护与传承的群众基础。第五项措施是县政府加强了对传统手工艺的生产性保护，将石雕、剪纸等项目列入陕西省传统工艺振兴目录或省级非遗工坊，绥德剪纸被认定为生态原产地保护产品，同时注册了"绥德石雕"地理标志证明商标，以此保护并促进传统手工艺的传承与发展。

在新时代背景下，绥德县强调两个特色以彰显非物质文化遗产的独特魅力。第一，县政府加强了非遗的常态化传播与普及工作，出版了《绥德非物质文化遗产图典》《绥德人文大观·石文化卷》以及《绥德文化志》等专题图书，并发行了《陕北·绥德唢呐曲牌》光盘。绥德县还举办了"绥德非遗线上展"及"我在绥德过大年"等多样化活动，这些举措旨在提高非遗在现代生活中的可见性和互动性。第二，绥德县政府推动了非遗的活态化保护与传承，通过举办绥德国际石雕文化艺术节、绥德非遗艺术节以及陕北民歌大赛等活动，以及组织传承人进行校园、社区、景区和乡村的非遗普及活动，提高了非遗项目的社会参与度。

绥德县通过打造四个品牌，进一步推动非遗生态保护与现代生活的融合。第一，舞台剧目《米脂婆姨绥德汉》的创建和演出，集中展示了绥德的民俗文化。该剧目获得了"文华大奖特别奖"，并逐步实现了 IP 化运营。第二，推出了陕北秧歌作为群众演艺名片，并制定了秧歌保护规划，通过培训和动态与静态保护相结合，使其成为广受欢迎的非遗项目。第三，开办了"非遗小剧场"，定期组织非遗项目展演，实现了非遗演出的常态化，创新了保护和传承的方式。第四，绥德石雕的发展助力了乡村振兴，使从业人员增多、产业规模扩大、产业效益提高，同时带动了十余个相关产业的发展，成为促进地方经济发展的特色产业。

第二节　榆林绥德石雕成为产业发展新引擎

近年来，绥德县已组织超过 600 场非物质文化遗产传承活动，涵盖校园、社区、景区及乡村。该县针对中小学生开展了课外研学活动，超过 5000 名学生参观了非遗陈列馆，亲身体验了传统文化的独特魅力。

在四十里铺镇附近，国道道路两侧分布着众多石雕加工企业、个体工匠销售摊点，形成了一条"石雕长廊"。目前，绥德县从事石雕工作的人员已超过 1200 人。石雕产业的发展带动了周边地区石料采掘、加工、运输及石雕建筑等相关行业。石雕产业链年创收达到 1.5 亿元，对经济增长及乡村振兴产生了显著影响，实现了石雕技艺的经济价值转化。

沿四十里铺镇的 210 国道行驶，公路两旁是密集排列的石雕产品，包括石狮子、石牌楼、石碑、石桌、石凳等。该地区因其石雕作品的丰富多样而被誉为"不设围墙的石雕博物馆"。绥德的石雕产业发展迅速，产品种类多样且功能完备，工艺不断创新且具有现代化特征，产品不仅在国内销售，还远销到日本、美国、英国及东南亚等地。

在石雕产业的带动下，绥德县的非物质文化遗产产业也获得了显著的经济效益。有统计数据显示，截至 2022 年年底，泥塑的从业者有 30 余人，年收入达 240 万元；说书艺术从业者约 90 人，年收入达 130 万元。绥德剪纸协会拥有 100 多名会员和 5 家网络销售店铺，年总收入超过 180 万元。绥德县的唢呐乐班有超过 200 个，从业人员近 1000 人，他们常年参与地区内外的婚丧庆典活动，年总收入约为 4500 万元。绥德伞头协会拥有 20 多支花轿队和秧歌队，从业人员超过 1000 人，年总收入超过 200 万元。这些数据凸显了非物质文化遗产在促进地方经济发展中的重要作用。

随着旅游市场的全面复苏及首届中国非物质文化遗产保护年会的成功召开，绥德县在 2023 年 6 月 10 日的"文化和自然遗产日"期间，举办了为期三天的首届绥德非物质文化遗产艺术节。此举旨在推动绥德非物质文化遗产全国化，持续提高绥德文化旅游的知名度及影响力。未来，绥德县计划持续利用红色旅游带动全域旅游，以非物质文化遗产赋能文化产业。县政府还将文旅产业视为推动县域经济高质量发展的重要支柱，着重构建全链条文旅服务体系，推出多样化的非遗主题旅游线路及旅游文化创意产品。

附录 陕北民间美术传承人个案访谈

陕北安塞剪纸艺人访谈

陕北安塞剪纸受到历史、生产、习俗等方面的影响，形成了自己独特的生存空间，它不仅是黄土高原的精神符号和文化现象，更是陕北民俗的重要表现及民间文化的重要内容，它承载着中华民族文化发展的记忆。为了更深入地对陕北民间剪纸传承人的口述与手传文化进行记录与研究，切实推进当代安塞剪纸的创新性发展，2018 年 5 月 21 日，笔者一行人前往安塞进行田野调查，重点采访了陕北民间剪纸传承人，并做了口述实录。

一、采访实录

采访时间：2018 年 5 月 21 日

采访地点：陕北安塞

被采访人：侯雪昭、余泽玲、陈海莉（以下简称侯、余、陈）

采访人：张晓红（以下简称张）

采访内容：

张：请介绍一下您的学艺经历。

侯：我的外婆和妈妈剪纸剪得很好，每到过年过节，她们不光在自己家剪，还帮别人剪。在外婆和妈妈的影响下，我七八岁时开始学剪纸，最早跟外婆和妈妈学，她们剪得比较粗犷，后来跟嫂子学，嫂子剪得很细致。在我三十几岁时，县文化馆推荐我参加学习班，学习班学习时间都是一个月到四十天，从 1987 年开始，我每年都要参加一次。那里有老师指导，先是照样子剪，后来自己创作。

张：当下剪纸的艺术风格是怎样的？

侯：传统剪纸简洁、生动，有浓厚的乡村气息，当下的剪纸更加细致、写实，但不如传统的剪纸耐人寻味。

张：现当代安塞剪纸的传承谱系是怎样的？

侯：曹佃祥、高金爱、白凤兰、常振芸等是中华人民共和国成立后第一代陕北剪纸传承人；薛玉琴、李秀芳等是第二代陕北剪纸传承人；我（侯雪昭）、李福爱等是第三代陕北剪纸传承人；余泽玲、韩树叶、韩树爱等是第四代陕北剪纸传承人；陈莲莲、陈海莉、徐瑛、王玲等是第五代陕北剪纸传承人。

张：青年人学习剪纸的情况怎么样？

侯：现在的青年人都生活在城镇里，没有农村生活的体验，她们没有见过推磨、赶驴、拦羊、喂猪，就剪不出来。我们给她们讲喂猪的过程，她们剪出来的与真实生活也有一定的差距，不够生动。

张：在您看来，安塞剪纸应如何活态传承下去？

侯：要加强保护农村的生态环境，如果没有了农村的自然环境，传承人没有见过农家做饭、烧火、劳动、背草、担水的情景，没有对生活的细致观察，剪牛的蹄子却剪成驴的，剪纸就失去了意义。村里的农民大部分都搬到了县城，已经不干农活了，一般一个村子只剩下五六户人家。如果孩子学剪纸，家长要常带孩子到农村体验生活，让他们看看农村的生活是怎样的。

张：请介绍一下您的学艺经历。

余：我从小就喜欢剪剪画画，一开始是跟着姑姑家的女儿学剪窗花，后来经国家级非物质文化遗产传承人李秀芳的推荐，我参加了县文化馆的学习班，正式开始学习剪纸。

张：安塞剪纸的历史是怎样的？

余：听老一辈人讲，安塞剪纸在秦皇汉武的时候就很出名，安塞地处偏远地区，交通不便，使剪纸的古老传统保留下来，并且和其他地区的剪纸都不一样。安塞剪纸传承了汉代画像石艺术，比如现在我们剪的抓髻娃娃就和汉代出土的画像石上的抓髻娃娃很相似。

张：我看咱们的剪纸每个人剪得都不一样，是不是在对剪纸的设计上每个人都有不同的风格？

余：是的，大家剪得都不一样，一个人一个样，一个人一个剪法和布局。我教她们剪纸，先把其中的大规律和寓意讲一讲，然后让她们自己创新，剪圆的、方的或长的都是自己设计的，有自己的思路，所以每个人剪的风格都不一样，剪老鼠偷瓜，寓意生命母体繁衍，这次剪一个样，下次剪又一个样，每次都是不一样的。

张：请谈一下您剪纸的思路。

余：比如我剪的这个是喜花，是在结婚时用的（结婚时装饰各种器物用具和室内陈设用的剪纸）。我会根据剪纸的用途来选择外形，结婚时用的就是要祝愿新人圆圆满满，所以我就选择剪一个圆形的外形，在这个圆里面我考虑了内容之间的黑白、疏密关系，同时考虑到圆里的明剪和暗剪，外圈兔子明剪，里圈蛇身暗剪，明剪和暗剪具有阴阳合和的意思，其中穿插"万字不断头""寿字"等吉祥图案，象征着源远流长。

张：剪纸中有没有概念化、程式化的东西？

余：概念化的东西不多，因为我们的剪纸和农民画都是源于生活的，是在观察的基础上进行的。比如我们剪的鸡，不是按照以前剪下的鸡的样子剪出来的。要剪鸡，首先必须观察鸡，鸡的每一个动作都是不一样的，有的站着，有的低头吃东西，如果你不观察的话，就不了解鸡各种各样的动态。祖辈们剪的鸡是站得直直的样子，我们不能按照老一辈传下来的一直剪那种站得直直的鸡，鸡的样子千变万化，这些都来源于我们对日常生活的细心观察。

张：您觉得与老一辈的剪纸相比，当下的剪纸的优势和不足是什么？

余：老一辈的剪纸比较简洁，剪纸上的装饰比较少，现在的剪纸更加细致，在剪纸技法和内容装饰上也更加丰富，其中有对剪法的不同搭配，比如明剪和暗剪的对比，此外，在内容上添加了很多吉祥符号，总之会考虑很多不同的因素。与老一辈的剪纸相比，现在的剪纸就是太写实了，其中的传统味道不足，我的老师也提醒我们不要忽视了剪纸的文化内涵。

张：说起了写实，您认为传统的剪纸与当下的剪纸如何更好地融合？

余：我认为在题材上我们可以采用现代的，毕竟我们要紧跟时代的发展步伐，但是在手法上不能采用现代的，比如写实，我认为剪纸的美就在于这种似与不似，这里包含着特定的文化寓意。总体来说，我们可以用传统的手法来表现现代的题材。

张：学剪纸的艺人当中有没有人是因为家里经济条件不好来学的呢？

余：大部分还是因为喜爱，以前虽然大家家里经济条件都不太好，日子过得比较苦，每天都要下地劳动，但是大家都坚持学习剪纸，有的从十几岁就开始剪了，到现在已经剪了几十年，所以我认为这是一种发自内心的热爱。

张：现在安塞剪纸传承人的发展情况怎么样？

余：安塞剪纸是国家级非物质文化遗产，但是目前从国家级到省级再到市级的传承人都接替不上去，可惜的是国家级和省级传承人都相继去世了，我认为在这方面县文化局的制度建设还不完善，存在一定问题。

张：您认为传承人接替不上去是因为对剪纸的技艺要求比较高，还是没人愿意去传承呢？

余：我认为有很多原因。第一，咱们老一辈的剪纸跟现代社会有些脱节了，表达的内容可能跟不上时代了；第二，制度上也有一些原因，对传统的东西挖掘力度不够；第三，现在学习剪纸的人虽然多，但真正剪纸技艺好的人少，就算在剪纸传承人的家里也没人愿意继承剪纸。中国剪纸在陕西，陕西剪纸在安塞，安塞这么有名的剪纸大县（现这安塞区），连传承人都接替不上确实是一件令人感到遗憾的事情。

张：您现在也在开展剪纸教学，您认为存在哪些问题？

余：问题是有的。首先，我们搞剪纸的人文化程度整体不高，最高的学历也就是初中毕业，大部分人都是小学毕业。其次，剪纸传承人接替不上也是一个大问题。

张：您觉得文化程度不高会影响剪纸的发展吗？

余：会影响的，我们在与时俱进、寻求创新这些方面就弱了一些。比如前段时间我要画一个社会主义核心价值观的农民画，但是我不知道富强、民主是什么意思，不知道怎样才能把富强、民主给表现出来。我问女儿富强是什么意思，怎么把富强画出来，女儿就给我解释了富强是什么意思，原来就是国富民强的意思，于是我就按照女儿给我讲的，画好了一张农民画。剪纸也是同样的道理。剪纸的人文化程度不高就很难跟上时代的发展步伐，所以文化程度对剪纸的发展还是有很大影响的。

张：现在一些大学里开设了剪纸课程，很多大学生都没有在农村生活的经验，您认为剪纸在大学校园中会不会变味儿？

余：大学生虽然没有在农村生活的经验，但是他们能够紧跟着时代走，可以剪一些自己身边的东西，剪大学的学习、生活和娱乐活动，并在其中融合传统的东西，这是一条剪纸发展、创新之路，但是也不能只有新时代的东西，丢失了传统的文化内涵。

张：您认为剪纸与商业相结合有利还是有弊呢？

余：我认为剪氏与商业不利于剪纸传统文化的发展。因为大家只顾着通过剪纸来赚钱，忽视了剪纸里所包含的文化内涵，忽视了剪纸中蕴含的传统文化，对剪纸的发展不利。比如，现在顾客都要求我们的剪纸内容写实一些，如果我们为了赚钱一味地满足顾客的需求，一直走写实这条路，慢慢地就把剪纸的传统特色给丢了。

张：您认为怎样将传统与现代社会需求相结合才能既不丢掉传统，又能增加收入呢？

余：我认为陕北就卖陕北的剪纸，我们手工剪出来的，保留了最地道的传统，不要引进外边的刀刻剪纸，不然对我们的剪纸发展不利。

张：请介绍一下您的从艺经历。

陈：我从小就喜欢民间美术，十几岁开始学习剪纸、农民画，高中毕业后自考大专，法律专业毕业，现在是专职农民画家，收入挺好的，也不耽误带小孩，比打工强，比较自由。这房子就是用卖剪纸、农民画的收入买的。

张：作为青年剪纸传承人，您对剪纸的创新有哪些认识？

陈：我的农民画是用点点出来的，类似刺绣形式的一种绘画方法，作品上不写名字，安塞人一看就知道是我的作品，我还把剪纸、农民画的图案印在包、围巾、靠枕、杯子上。

张：您创作的剪纸衍生品的销售情况如何？

陈：大家都很喜欢，卖得挺好的，只在延安、安塞有销售点，还没有在网上销售。

二、调研后的思考

通过在安塞近两天的实地考察及与安塞剪纸传承人的交流，笔者深深地感受到只有从人的层面进行探寻，才能真正了解传承民间传统文化的意义。以下是笔者访谈后的一些感受。

1. 在当下的文化生态里，陕北安塞剪纸呈现出多元化的发展趋势：老一辈剪纸艺人仍坚守传统民俗文脉，运用传统技艺进行剪纸创作，如侯雪昭；中年剪纸艺人在传承陕北剪纸基本文化内涵的基础上，在形式和题材上进行创新，通过传统剪纸技艺表现当代生活内容，这样既有利于剪纸文脉的传承，又可以融入新的文化资源，如余泽玲；青年剪纸艺人根据现实生活环境，创造出表达美好生活愿景的剪纸作品及与剪纸相关的衍生品，用新的文化价值观连接传统与当代，促进陕北民间剪纸得以健康活态传承，如陈海莉。要让陕北民间剪纸回归到日常生活当中，今天的创新也将成为明天的传统，这就是对中华民族文化基因的创造性传承。

2. 传承人本身对陕北剪纸传统的坚守是陕北剪纸活态传承的关键，要保持原貌并进行传承与保护，这也是增强民族文化自信的主要形式。传承人的坚守不仅要靠其自身对陕北民间剪纸的热爱和执着的匠人精神，还需要政府的正确引导，政府要加强对传承人的人文关照，使传承人能更专心地投入到陕北剪纸的传承与创新工作中。

3. 合理有效地保留原态的文化生存空间，使传承人不脱离现实生活和文化土壤；广泛普及非遗知识，促进人们形成全民保护与传承的观念。

4. 创建陕北民间剪纸艺人文化产业园，设立文化产业基金，为陕北民间剪纸艺人提供完善的服务体系；建立起地方民间剪纸对外交流的官方机构，为民间剪纸与国际接轨提供更多的支持；倡导自主创新、自主创业，合理利用剪纸的艺术形式促进陕北地区剪纸相关衍生品的研发，形成陕北特色文化旅游品牌。

5. 陕北地方学校要承担起陕北民间剪纸文化艺术教育的责任，不仅使陕北剪纸成为展现校园文化的一部分，还要培养专门从事剪纸艺术及剪纸文化产业运营的专业人才，使学校在区域文化遗产的保护与传承及文化生产力的发展中发挥桥梁作用。

在此次调研工作中，笔者深深感受到早期的图腾文化、生命信仰、生殖崇拜等文化信息，是陕北民间艺术的文化根基。基于这种民族文化的根，陕北民间剪纸从远古走来，传承至今，将来还需要更多的人去探索、研究、传承这门独特的民间艺术。

为了更深入地对陕北民间剪纸传承人的口述与手传文化进行记录与研究，

从而更深层地理解陕北剪纸的民俗文化内涵，2018 年 10 月 2 日，笔者一行人再次前往安塞进行田野调查，重点采访陕北民间中年剪纸艺人。

三、采访实录

采访时间：2018 年 10 月 2 日

采访地点：陕北安塞

被采访人：韩树爱（以下简称韩）

采访人：张晓红（以下简称张）

采访内容：

张：请介绍一下您的学艺经历。

韩：我五六岁时跟着妈妈剪一些小花、小草等简单的图案。1999 年，我拜余泽玲老师为师学习剪纸，开始用煤油灯熏样样，照着熏的样样剪，后来掌握了一些传统的剪纸纹样，不再模仿古时的样样剪了，根据我对生活的观察、感悟，自己能冒剪了。2003 年，我参加了剪纸大赛，我的剪纸作品获得了三等奖，这给了我很大的自信，从那以后，我就一直坚持剪纸，没有间断过。现在我也有了自己的民间艺术合作社，在合作社里教剪纸。

张：陕北剪纸中最基本的剪纸元素有哪些？

韩：学剪纸先要学剪花草，花草是剪纸里面的根，各种吉祥图案通过花草纹样来相互连接。我剪的水、莲花、蛙、兔子、绣球、牡丹和花瓶等都代表的是阴性，鸡、猴、鹰、狮子、龙、蛇和石榴代表的是阳性。在陕北剪纸里，蛇盘九颗蛋、佛手、桃子、石榴这些纹样在喜花里也常剪，佛手象征着福，桃子就是长寿的意思；石榴的籽多象征着多子多福，这三种吉祥纹样代表着多福、多寿、多子，这些都是老一辈人传给我们的。

张：请您列举几幅剪纸作品，讲一下它们的文化内涵。

韩：这幅"鹰踏兔，喜气盈门户"，是在结婚时剪的喜花。鹰是阳性，代表男子，兔是阴性，代表女子，是阴阳相合的意思。

这幅"抓髻娃娃"，娃娃一手抓鸡，鸡代表阳性，象征着鸟、天，一手抓兔，兔代表阴性，是地上跑的动物，象征着地，这是天、地、人合一的意思。

这幅"蛇盘兔，必定富"，男娃属蛇，女娃属兔，结合在一起，是阴阳相合、生生不息的吉祥之意，祝愿二人结为夫妻，日子过得美满、富裕。

这幅"鱼戏莲，鱼儿戏莲花，两口子好缘法"，鱼儿是男子，莲是女子，寄托着生殖繁衍的美好愿望。

陕北人结婚时会在窗户上、墙围上、顶棚上贴上"鱼戏莲""蛇盘兔""鹰踏兔""抓髻娃娃"的剪纸。"鱼儿钻莲花，两口子睡下结缘法""蛇碰金蛤蟆，生个胖娃娃""石榴赛牡丹，婆姨爱老汉""瓶里插牡丹，儿女一铺滩""牛踩莲，莲年发""盆里出莲出牡丹，抱了家孙抱外孙"这些都是盼望子孙兴旺、多子多福的意思。

张：这幅剪纸的侧面把两只眼睛都剪出来了？

韩：是的，就是求全、求圆满、求个好生活。剪侧面时，剪一只眼睛总是觉得不好看，缺点啥，所以，我就把两只眼睛都剪出来了，这样就圆满了。

张：您认为现代的剪纸与20纪世50年代的传统剪纸相比有什么变化？

韩：老一辈的传统剪纸在造型上比较简洁，剪人物或动物、植物的大形，相对平面化，现代剪纸加了一些写实的技法，装扮也多了，就是越来越细致了，相对立体了，剪得过于细致就不好看了，要粗细结合，还是平面一点好看。

张：陕北的剪纸通常都是用红色的纸吗？

韩：主要是用红色的纸，红色代表着吉祥、喜庆、日子红红火火，在过年，或是结婚的大喜日子，或是丰收的日子，我们总是在窗户上、门上、墙壁上贴上红色的剪纸，在红色中搭配一些蓝色、绿色、黄色、桃红色等颜色，红色的剪纸寓意兴旺发达、日子越过越红火。

张：您近期都创作了哪些作品？

韩：最近安塞举办了剪纸比赛，我剪了社会主义核心价值观的一系列剪纸。现在我们农民的生活富裕了，比起过去老一辈的生活，我们太幸福了，于是我就用我的剪纸作品给大家看我们现在美好的乡村生活。

通过在安塞近两天的实地考察和与安塞剪纸艺人的交流，笔者深深地感受到早期的图腾文化、生命信仰、生殖崇拜观念等是陕北民间艺术的文化根基。这种民族文化的根使陕北民间剪纸从远古走来，在代代相传中积淀成一种约定俗成的民俗文化符号，传达着陕北人民的祈盼与信仰。

参考文献

［1］王晨，王媛. 文化资源学［M］. 北京：清华大学出版社，2021.

［2］陈山桥. 陕北剪纸［M］. 西安：陕西人民美术出版社，2012.

［3］房俊焘. 中国陕北米脂周苹英剪纸［M］. 北京：人民美术出版社，2012.

［4］杨雨佳. 陕北民间美术考察［M］. 西安：陕西师范大学出版社，2017.

［5］吕青. 陕北民间艺术的文化生态［M］. 北京：中国社会科学出版社，2019.

［6］冯骥才. 剪纸中国民间剪纸集成陕北卷［M］. 石家庄：河北教育出版社，2017.

［7］张静宁，曹海飞. 安塞民间美术［M］. 西安：陕西师范大学出版社，2010.

［8］王宁宇. 陕北匠艺丹青纪胜［M］. 西安：未来出版社，2017.

［9］曹振乾，宋如新. 陕北民间文化艺术丛书·美术卷［M］. 西安：陕西人民出版社，2013.

［10］王平. 中国民间美术通论［M］. 合肥：中国科学技术大学出版社，2007.

［11］徐炼. 中国民间美术［M］. 武汉：华中理工大学出版社，1995.

［12］刘一品. 民间美术鉴赏［M］. 天津：天津大学出版社，2020.

［13］宋歌. 民间美术表现与制作［M］. 武汉：华中科技大学出版社，2020.

［14］方湘侠. 民间美术 湖北木版年画 剪纸 皮影［M］. 武汉：湖北美术出版社，1999.

［15］万桂香. 民间美术的创新设计［M］. 北京：中国纺织出版

社，2019.

[16] 谢娟娟. 民间美术课程与教学研究 ［M］. 北京：北京工业大学出版社，2020.

[17] 刘海芳. 中国民间美术发展与创新研究 ［M］. 长春：吉林人民出版社，2022.

[18] 陈斌，禹和平，靳曦. 民间美术与现代设计 ［M］. 武汉：华中科技大学出版社，2018.

[19] 池家晗. 民间美术与高校美术教育融合研究 ［M］. 长春：吉林大学出版社，2020.

[20] 刘泉. 民间美术与现代艺术设计研究 ［M］. 长春：吉林出版集团股份有限公司，2021.

[21] 赵鲁宁，李子. 中国民间美术 ［M］. 成都：电子科技大学出版社，2018.

[22] 田丹. 闽北民间美术 ［M］. 福州：海峡文艺出版社，2018.

[23] 史荣利. 民间美术的传承与发展创新 ［M］. 长春：吉林摄影出版社，2019.

[24] 段春华. 民间美术设计新思路 ［M］. 长春：吉林美术出版社，2019.

[25] 刘连民. 民间美术与现代艺术设计融合研究 传统与现代共舞 ［M］. 青岛：中国海洋大学出版社，2023.

[26] 吕超峰. 走进民间美术吉祥剪纸 ［M］. 银川：宁夏阳光出版社，2021.

[27] 朱旭. 非遗视角下我国民间美术的传承与发展研究 ［M］. 北京：中国戏剧出版社，2021.

[28] 邵凤丽. 我们的非物质文化遗产 民间美术 ［M］. 北京：机械工业出版社，2019.

[29] 刘艳芳. 现代艺术设计与民间美术的差异与融合 ［M］. 长春：吉林人民出版社，2019.

[30] 郭琳. 民间美术与设计 ［M］. 上海：上海科学技术文献出版社，2016.

[31] 李钒，孙林霞. 我国西部地区城市化的理论与实践 ［M］. 天津：天

津大学出版社，2017.

[32] 赵国鼎. 黄炎二帝考略［M］. 郑州：河南人民出版社，1991.

[33] 陈习刚. 郑州与黄帝文化［M］. 郑州：河南人民出版社，2008.

[34] 曹爱军. 公共文化治理导论［M］. 北京：中国经济出版社，2019.

[35] 蒲实，袁威作. 乡村振兴战略导读［M］. 北京：国家行政学院出版社，2021.

[36] 高海平. 陕北村落彩绘考察［M］. 西安：陕西师范大学出版总社，2017.

[37] 苑利. 非遗：一笔亟需保护的中华民族文化基因［J］. 中央民族大学学报（哲学社会科学版）2024（3）：124-129.

[38] 马铖. 陕北民间美术特色作品在旅游产业中的发展［J］. 现代营销（下旬刊），2017（11）：221.

[39] 蔡惠萌. 萌芽与雏形：陕北晋西地区汉画像石墓门图像中的民族审美意识［J］. 台州学院学报，2017（5）：21-24.

[40] 撒小虎，何万鑫. 安康市群众艺术馆：安康·延安民间美术交流展在安康市群众艺术馆顺利开展［J］. 百花，2023（5）：120.

[41] 高扬. 民间美术在室内装饰设计中的运用［J］. 建筑科学，2022（7）：165.

[42] 崔超楠，邱春婷. 烟与火的幻化：陕北富县熏画的色彩探析［J］. 艺术与设计（理论），2020（5）：116-117.

[43] 庞嘉婧. 民间工艺美术的文化生命与自然生命：以陕北剪纸艺术为例［J］. 艺术评鉴，2020（3）：48-49.

[44] 李梦龙，张钰琪. 陕北民间美术产品创新开发与"艺术＋扶贫"模式研究［J］. 明日风尚，2020（2）：84-85.

[45] 毛杰. 陕西省民间美术类非物质文化遗产的保护与开发研究［J］. 财富时代，2019（11）：97-98.

[46] 张凤. 陕西地区民间美术类非物质文化遗产的传承与创新［J］. 西北美术，2019（3）：88-91.

[47] 马铖. 陕北民间美术特色作品在旅游产业中的发展［J］. 现代营销（下旬刊），2018（5）：115.

[48] 马铖. 陕北民间美术作品在"互联网＋"环境下的市场分析［J］.

现代营销（下旬刊），2018（4）：112.

[49] 曹雪琦，马小惠. 陕北民间艺术文化特色馆藏建设探析 [J]. 戏剧之家，2021（11）：191-192.

[50] 苏娟娟. 探析我国民间美术的价值及表现形式 [J]. 美术文献，2021（1）：141-142.

[51] 张继文. 延川布堆绣造型及其心态文化 [J]. 纺织高校基础科学学报，2020（4）：78-84.

[52] 张剑宇. 文化传承视角下地方高校美术教学特色化研究：以陕北民间美术为例 [J]. 美术文献，2022（7）：89-91.

[53] 周鸣勇，崔梦媛. 陕西民间美术元素在文创设计中的应用：以安塞剪纸和华县皮影为例 [J]. 化纤与纺织技术，2022（4）：198-200.

[54] 戴俊骋，孙东琪，张欣亮. 中国区域文化产业发展空间格局 [J]. 经济地理，2018（9）：122-129.

[55] 熊正贤. 特色文化产业扶贫的特征分析与绩效问题研究：以武陵山区为例 [J]. 云南民族大学学报（哲学社会科学版），2017（4）：108-115.

[56] 黄鸣奋. 关于艺术产业及其定位的思考 [J]. 宁波广播电视大学学报，2007（4）：1-7.

[57] 徐艺乙. 工匠精神 [J]. 中华手工，2016（4）：28.

[58] 吴一萍. 延川布堆画对传统文化的继承和现实意义研究 [D]. 西安：西安建筑科技大学，2019.

[59] 盛康. 陕北民俗剪纸的程式化研究 [D]. 广州：华南理工大学，2018.

[60] 郝昱铭. 陕北民间刺绣图案的创新设计研究 [D]. 西安：西安工程大学，2017.

[61] 张冰倩. 安塞民间绘画艺术的数字创新表现 [D]. 西安：西安工程大学，2017.

[62] 白霞. 陕北剪纸的民俗文化意蕴及其传播研究 [D]. 西安：陕西师范大学，2017.

[63] 卢鹏飞. 陕北剪纸艺术元素的现代图形转化研究 [D]. 西安：西安美术学院，2017.

[64] 李和和. 地域性民宿设计中陕北民间美术元素应用研究 [D]. 延

安：延安大学，2023.

[65] 周淑芳. 中国民间婚俗剪纸的装饰特征研究 [D]. 上海：上海大学，2021.

[66] 刘欣. 安塞地区民间美术的教化功能研究 [D]. 西安：西安建筑科技大学，2021.

[67] 秦颖. 陕北农民画的形式语言在漆画创作中的运用研究 [D]. 西安：陕西师范大学，2021.

[68] 陶若男. 陕西民间木版年画图形的传承与创新研究 [D]. 西安：西安建筑科技大学，2020.

[69] 李艺锦. 陕西民间美术视觉符号在创意产品中的设计应用研究 [D]. 西安：西安建筑科技大学，2020.

[70] 李业鹏. 陕北传统剪纸在文化创意产品中的应用研究 [D]. 长春：吉林大学，2020.

[71] 蒋惠莉. 陕西剪纸·延安卷 [M]. 西安：陕西人民美术出版社，2012. 10

[72] 袁芳，毛凌云，李燕燕. 巧手剪出幸福生活 [EB/OL]. （2007-11-02）[2024-12-01]. http://yc. yawenming. cn/wmbb/5331. htm.

[73] 许敏，王全喜. 手艺人走出致富路 [EB/OL]. （2020-01-13）[2024-12-01]. https：//www. yanews. cn/2020/0113/73424. shtml.

[74] 杨延萍，白腾. 甘泉县妇联：为妇女儿童撑起"半边天" [EB/OL]. （2023-03-05）[2024-12-01]. https：//www. sohu. com/a/649829636_120584313.

[75] 李治学. 十年磨一剑！陕北文化生态保护区（榆林市）通过国家验收 [EB/OL]. （2023-01-31）[2024-12-01]. https：//www. 163. com/dy/article/HSES2GP20530T7RH. html.

[76] 张慧敏. 延安市安塞县黄土文化产业开发有限公司 [EB/OL]. （2011-03-18）[2024-12-01]. http：//www. ce. cn/culture/whtzgg/5/5-6/sx2/201103/18/t20110318_22311750. shtml.

[77] 寇诗涵. 延安入选全国民间文艺版权保护与促进试点地区 [EB/OL]. （2023-11-27）[2024-12-01]. https：//www. ishaanxi. com/c/2023/1127/3009410. shtml.

［78］陈宏，江文．延长石板画：于方寸间镌刻岁月［EB/OL］．（2021-05-31）［2024-12-25］．http：//sxya．wenming．cn/sdya2/202105/t20210531 _ 7138966．shtml．

［79］延安黄龙文旅．黄龙重点文物系列报道：半截沟遗址［EB/OL］．（2022-11-09）［2024-12-25］．https：//history．sohu．com/a/604181435 _ 121123699．

［80］魏鑫，吴超．钟山石窟数字化保护 让珍贵历史文化遗产永续传承［EB/OL］．（2023-03-28）［2024-12-25］．http：//sn．people．com．cn/n2/2023/0328/c226647-40354291．html．

［81］许敏．剪纸艺人余泽玲：最好的保护就是传承［EB/OL］．（2022-09-07）［2024-12-25］．https：//www．yanews．cn/2022/0907/165558．shtml．

［82］王磊．李福爱：农民画画出新生活［EB/OL］．（2020-10-09）［2024-12-25］．https：//www．sohu．com/a/423540867 _ 803308．